品质课程聚焦丛书
王雪梅 杨四耕 主编

进阶式探究课程设计

学科整合视角

许 磊 牛旌丽 ◎主编

全国教育科学"十三五"规划课题
"区域推进中小学品质课程建设的实践研究"
（课题编号 FHB180571）之研究成果

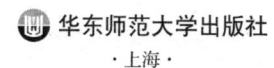

华东师范大学出版社
·上海·

图书在版编目（CIP）数据

进阶式探究课程设计：学科整合视角/许磊，牛旌丽主编. —上海：华东师范大学出版社，2021
（品质课程聚焦丛书）
ISBN 978-7-5760-2315-2

Ⅰ.①进… Ⅱ.①许…②牛… Ⅲ.①中小学－课程设计 Ⅳ.①G632.3

中国版本图书馆 CIP 数据核字（2021）第 248892 号

品质课程聚焦丛书
进阶式探究课程设计：学科整合视角

丛书主编	王雪梅　杨四耕
主　　编	许　磊　牛旌丽
责任编辑	刘　佳
项目编辑	林青狄
特约审读	海　青
责任校对	鄢　琳　时东明
装帧设计	卢晓红
出版发行	华东师范大学出版社
社　　址	上海市中山北路3663号　邮编 200062
网　　址	www.ecnupress.com.cn
电　　话	021-60821666　行政传真 021-62572105
客服电话	021-62865537　门市（邮购）电话 021-62869887
地　　址	上海市中山北路3663号华东师范大学校内先锋路口
网　　店	http://hdsdcbs.tmall.com
印 刷 者	杭州日报报业集团盛元印务有限公司
开　　本	787×1092　16开
印　　张	12.25
字　　数	114千字
版　　次	2021年12月第1版
印　　次	2021年12月第1次
书　　号	ISBN 978-7-5760-2315-2
定　　价	38.00元

出版人　王　焰

（如发现本版图书有印订质量问题，请寄回本社客服中心调换或电话 021-62865537 联系）

丛书编委会

主 编
  王雪梅　杨四耕

编 委
  孙　波　李德山　崔春华　裴文云　李　红
  廖纯连　苏家云　刘文芬　王慧珍　牛旌丽
  柴　敏　吴长生　裴章云　刘　兵

本书编委会

主 编
  许　磊　牛旌丽

成 员
  王　赛　徐双锁　李子木　戴淑霞　仇明明　郭月婵　毛然然
  陈将军　刘　胜　李长来　陈咪咪　庄春梅　田连整　吴　颖
  卓小方　项秀颖　吴园园　王建民　李　洁　陈国敏　郝俊杰
  程结旺

丛书总序

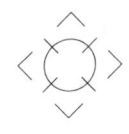

自 2015 年以来,我们在合肥市蜀山区推进"品质课程"项目,致力于学校课程文化变革,改变区域课程改革生态。这些年,我们深刻地感受到,课程是一种文化存在,文化是课程的存在方式和存在本身。

怀特海指出,过程是世界万物固有的本性。[①] 在他看来,"事件"和"事物"不同:事件是唯一的,是不可重复的;而事物则是自然之物,是永恒的。[②] 据此,我们认为,课程文化不仅仅是事物的集合,更是事件的生成。我们可将课程文化理解为事件之展开而非仅仅是事物之集合,由此所展现的将是课程文化要素、课程文化形态、课程文化主体共同构成的一幅立体兼容的文化图景。

从"事物"角度看,课程文化是课程形态和课程实践蕴含的价值、信仰、规范以及语言等文化要素的合生体,这些文化要素构成了课程文化的基质。因此,课程文化是一种信仰、一种语言、一种规范、一种眼光、一种思维方式、一种处理问题的方式,它们具体表现为课程精神文化、行为文化、制度文化以及物质文化。课程文化要素的相互摄入以及微观生成,构成学校课程文化变革的内在过程。在怀特海看来,把具体要素据为己有的每一过程叫作摄入。[③]"摄入"理论从微观层面说明了现实存在自我生成的内在机制。

课程精神文化、行为文化、制度文化以及物质文化诸要素相互摄入进而存在于另一存在之中,成为相互依存的合生体。在这个合生体中,课程精神文化是最核心的、最深层的、根部性的文化要素,是课程物质文化、制度文化与行为文化的价值凝练和理念引领。课程制度文化是具有中介性质的文化,它联结课程物质文化和行为文化,既是课程物质文化的制度保证,又是

[①] 怀特海. 过程与实在:宇宙论研究(修订版)[M]. 杨富斌,译. 北京:中国人民大学出版社,2013.
[②] 陈奎德. 怀特海哲学演化概论[M]. 上海:上海人民出版社,1988.
[③] 杨富斌,等. 怀特海过程哲学研究[M]. 北京:中国人民大学出版社,2018.

课程行为文化的规约机制。课程行为文化是课程文化的表现，既受课程精神文化的直接影响，又受课程制度文化的现实规范。课程物质文化处在表层，是课程精神文化、课程行为文化和制度文化的空间和载体。如此，课程文化诸要素相互摄入、相互作用，共同构成课程文化的深层结构。

课程文化变革过程包含"物质性摄入"与"概念性摄入"，[①] 这两种摄入是多维关联的重构过程，其中微观生成是生动活泼而丰富多彩的。一般地说，学校课程文化诸要素之间的相互摄入，其中课程精神文化居于核心地位，它体现于其他各要素之中。课程文化变革可以从课程文化的部分要素开始，以点带面，但要实现课程文化彻底转向，或要真正提升学校课程品质，就必须整体协调课程文化之各要素，就要以"文化的眼光"或"思维方式"进行这种摄入行动的思考和判断。

以上是课程文化的"事物观"及其变革机理。在这里，我想再说一个观点，那就是：课程文化不是简单的要素组合，而是一个展开的事件。正如巴迪欧在《存在与事件》一书中所言：真理只有通过与支撑它的秩序决裂才得以建构，它绝非那个秩序的结果；我把这种开启真理的决裂称为"事件"；真正的哲学不是始于结构的事实（文化的、语言的、制度的等），而是仅始于发生的事件，始于仍然处于完全不可预料的突现的形式中的事件。[②] 从"事件"角度看，课程文化是一个不可能重复出现的生成过程，处于不断运动变化之中。作为"事件"的课程文化之真理即是在完整的课程实践中成就人、发展人和完善人。

课程文化是学校里公开的或隐蔽的信念、行为、习惯和价值观等要素相互"包含""进入""创造""构成"的"合生"事件，它融合了课程的物质和精神两个层面的意涵，它不仅包含课程意识、课程理念、课程价值等内隐的精神文化形态，而且包含学校课程实践过程中所创造的课程物质、课程制度以及课程行为等外显的文化形态，是诸要素相互参与和多维互动的创造过程，是"事件"生成与发生的过程——因为"文化的每一个方面都是一个能

[①] 怀特海认为，对现实存在的摄入——其材料包含着现实存在的摄入——叫作"物质性摄入"；对永恒客体的摄入叫作"概念性摄入"。参阅：杨富斌，等. 怀特海过程哲学研究[M]. 北京：中国人民大学出版社，2018.

[②] Alain Badiou. Being and Event [M]. London：Continuum International Publishing Group, 2006.

够改变文化的创造源,都是非常主动的创造性力量"①。

一种文化首先意味着一种眼光,眼光不同,对所有事情的理解就不同。② 课程文化是我们做事的眼光、处事方式和思维习惯,是生长着的"事件",是我们理解课程实践、推进课程变革的眼光。当然,课程文化虽然是一个"事件",但在本体论意义上,课程文化仍然是一种不易感知的实在。人类学家指出,人们一般意识不到他们身边的文化,因为此类文化表现为平常的生活,表现为看上去正常和自然的东西。文化以无意识的状态或者说未被检查的状态悄悄地让我们做出选择、进入生活。③

但是,这并不妨碍我们认识课程文化,我们仍然可以用智慧感知课程文化的存在,我们仍然可以用眼睛捕捉课程物质文化、制度文化、行为文化和精神文化。课程物质文化是以物质形态存在的设施和空间,这是课程文化赖以存在的物质基础与场域条件;课程制度文化是学校制定的规约课程实践的活动程序和价值规范,是学校课程变革过程中形成的价值体系和活动规则;课程行为文化是行为主体在长期的课程实践过程中形成的处理课程事务的一以贯之的行为方式,这种行为方式具有长期稳定性、潜意识性和无需提醒等特点;课程精神文化是学校课程文化的核心,是主导学校课程实践的理念和精神,通常会借助富有哲理的语言加以概括。这些课程文化要素,我们可以"看见"它们的合生性存在,也可以"分辨"它们的原子性存在。

我们的结论是:课程与文化有着天然的血肉联系,凡是课程变革一定是文化变革,没有文化内核的课程变革很难取得成功;文化变革需要课程建设支撑,没有课程支撑的文化变革是不可思议的。怀特海指出,现实存在就是合生,每一个现实存在都不是只有一种元素的简单的存在,不是原子论意义上的存在,而是由诸多要素构成的合生或有机体。④ 在学校课程变革过程中,课程与文化二者"合生"即生成课程文化。课程与文化的"合生"设计,是学校课程文化变革的重要方法。

在具体操作上,推进学校课程文化变革有两条道路可供选择。第一条道

---

①② 赵汀阳. 赵汀阳自选集 [M]. 桂林:广西师范大学出版社,2000.
③ 约瑟夫,等. 课程文化 [M]. 余强,译. 杭州:浙江教育出版社,2008.
④ 怀特海. 过程与实在:宇宙论研究(修订版)[M]. 杨富斌,译. 北京:中国人民大学出版社,2013.

路是自上而下的演绎道路，实现从文化概念到课程设计的"合生"。首先确定学校课程哲学，包括学校课程理念、课程愿景、育人目标和课程目标。其次，厘定学校育人目标和课程目标。再次，梳理学校课程框架，设计学校课程内容。复次，活跃学校课程实施，使课程功能最大化。最后，把握学校课程评价和管理。如此，课程文化建设是从文化概念建构开始的，由此展开学校课程整体规划，实现从文化概念到课程设计的"合生"。

第二条道路是自下而上的归纳道路，实现从课程实践到文化逻辑的"合生"。学校课程文化建设实际上也是学校文化决策过程，每一所学校都有自己的文化背景，包括周边的文化资源、历史传统、现实经验，这是学校课程文化变革的客观基础，也是学校课程哲学生长的土壤，"土质"的不同导致学校课程哲学追求的不同。在分析学校课程情境的基础上，对学生的需求进行调查，了解现有课程的实施情况，发现学校课程中存在的问题；根据学校课程情境分析和学生需求调查，形成学校课程哲学，明确学校的育人目标和课程目标；基于课程价值需求分析，建构学校课程框架与体系；布局学校课程实施的多维途径和多种方式，确保课程实施的有序与有效；制定一套课程管理制度，保障课程变革顺利推进；制定一套评估方法，对课程品质进行评估。这是由课程实践到文化逻辑的"合生"过程。

合肥市蜀山区"品质课程"项目实践表明，学校课程文化变革可以是演绎式，也可以是归纳式。演绎式可理解为"概念先行——实践验证"方式；归纳式可理解为"实践探索——归纳提升"方式。课程是具有情境性和价值负载的文本，学校课程文化变革宜采取"理论、研究与实践互动"的方式。这种方式不完全依赖于概念或理论，也不脱离学校实际情境。在学校课程实践中，以学校课程情境为基础，以课程的实际问题为切入点，以理论为指导，以概念为圆心，边研究边行动，在实践中总结提炼，又在实践中加以验证与改造，在理论与实践的互动互补、碰撞对话中生成学校独有的课程文化框架。

马克思说："全部社会生活在本质上是实践的。凡是把理论引向神秘主义的神秘东西，都能在人的实践中以及对这个实践的理解中得到合理的解决。"① 合肥市蜀山区"品质课程"项目探索告诉我们：实践是课程文化价值实现的根本途径，是推进学校课程文化变革的关键力量。学校课程文化变革必须为行动提供充分的理据，从而使得行动趋于合理化，增强学校文化变革的认同感和一致性。在某种意义上，这也是一种文化自觉。

杨四耕
2021 年 2 月 5 日于上海市教育科学研究院

---

① 马克思恩格斯选集（第 1 卷）[M]．中央编译局，译．北京：人民出版社，1995．

目录

前言 —— 1

第一章　进阶式探究课程的理念 —— 1

　　进阶式探究课程基于课程学习的周期以及学生的年龄特征、认知规律，以核心知识概念为主轴，立足长期、持续、渐进地探究学习，实施多学科整合课程，在此过程中达成课程、教学、评价三个方面的协调作用。进阶式探究课程理念认为，学习是一个逐渐积累演进的过程，学生对知识的理解存在多个不同的中间水平，在进阶式探究课程学习的过程中，学生的理解和思考都将日趋成熟、不断深入。

　　第一节　融创智慧，把自己的创意转变成现实 / 5
　　第二节　明确方向，指引儿童奔向科学的未来 / 7
　　第三节　制定计划，描绘创新学习的美好蓝图 / 10
　　第四节　付诸行动，让更多创新种子开花结果 / 13

第二章　进阶式探究课程的目标 —— 21

　　进阶式探究课程的目标是以遵循国家课程目标为基

础，在此基础之上进行扩充和开发。进阶式课程探究的目标是根据不同年龄段学生知识掌握的深浅和能力发展水平的高低不同，设置阶段性探究目标，且根据学生的年级增长探究目标，整体呈螺旋式上升。在这一目标下，可以实现多学科融合，使教学内容多元化，学生在进阶式探究课程中达成学习和思维双向进阶发展的目的。

第一节 崇尚真理，在多彩的世界里求实创新 / 24
第二节 自主探究，实现进阶式科学探究目标 / 27
第三节 激发想象，具有丰富的动手能力经验 / 32
第四节 合作互助，学会探究科学奥秘与方法 / 35

第三章 进阶式探究课程的结构 —— 45

进阶式探究课程的结构是从提出问题到分析问题直至解决问题的完整结构体系。从儿童的真实起点出发，让科学的学习真实地发生在儿童的身上，自由表达，自然体验，自在分享，让每一个儿童在原有的基础和能力上赢得进步，让每一个儿童有机会做最好的自己。在进阶式探究课程结构中建构学生的科学概念、提升学生的探究能力、培养学生的科学态度和科学精神，达成多维度螺旋上升体系。

第一节 以乐为先，寻觅快乐体验的创意之路 / 48
第二节 乐于合作，让科学与环境和谐地相处 / 51
第三节 夯实基础，开拓家乡科技的资源优势 / 56
第四节 策划实践，实行多元评价的成长记录 / 60

第四章　进阶式探究课程的内容 —— 69

进阶式探究课程的内容具体表现在学习进阶、学科进阶、探究进阶以及思维进阶的各个方面。我们在不同的阶段学习不同的知识，并不断提升自我。从较低的水平逐渐达到较高的水平，这可以当作是一个学习进阶的过程，它主要体现在从小学科学到初中物理的学科进阶；探究式科学学习过程的进阶以及科学思维能力的进阶。所以我们的课程要引领学生找到自己的兴趣点和恰当的学习方式，让学生循序渐进地形成正确的科学观念。

第一节　尊重科学，培养学生善于质疑的精神 / 71
第二节　大胆设想，保持孩子对自然的好奇心 / 73
第三节　科技创新，激发孩子对科学的求知欲 / 77
第四节　多元促学，开启孩子探索未知的钥匙 / 80

第五章　进阶式探究课程的实施 —— 87

进阶式探究课程的实施是通过课程的精心设计，实现学生自主、合作、探究的一种手段。我们往往从生活中的现象、孩子的兴趣出发，遵循学生的思维发展进阶规律，在夯实国家课程的基础上，分低、中、高层次分别设置相应的课程。该课程旨在培养学生的深度思维，促进个体水平"阶"的发展，设计了一系列使科学思维发展的方法遵循一条连贯的、由简单到复杂的轨迹实施路径。

第一节　把握核心，健全科学体系促全面发展 / 90
第二节　多元建构，书写思维提升的崭新篇章 / 93

第三节　形成磁场，构建精彩纷呈的课程结构 / 98
第四节　多元课程，绘制百花齐放的学习图景 / 101

第六章　进阶式探究课程的评价　——　115

　　进阶式探究课程的评价，在主体上注重学生在每一阶段学习的发展性和激励性，改变以往只重视结果，而忽略学生学习过程的评价模式。在方式上采用多元化、多角度的评价方式，结合本校特色，形成符合学生身心发展要求的特色评价模式。评价方式更灵活多样，更具创造性。在内容上从关注评价对象的知识和技能的获得，延伸至获得的过程、方法和情感体验等多方面，旨在通过用合理的评价模式，培养学生更加科学的学科价值观。

第一节　激活思维，开启自主探究的科学旅程 / 118
第二节　引领展望，攀登连绵起伏的知识高峰 / 120
第三节　多元维度，绘制美妙科学的绚丽版图 / 126
第四节　春华秋实，撒播探索求知的科学种子 / 129

第七章　进阶式探究课程的管理　——　139

　　进阶式探究课程的管理不同于一般课程的管理。进阶式探究课程具有生成性、融合性、研究性和开放性的特点。进阶式探究课程管理的主要任务是：通过构建阶梯螺旋式课程路径，促进学生思维和认知的全面进阶。措施上采用"N＋1＋1＋N"的双界面系统，两界面之间自由切换，互相支持，互相配合；从而实现多校联动，多级联动，在研究中管理，在管理中研究。

第一节 趣学善思，打开进阶课程的智慧之门 / 142

第二节 初识认知，拓宽学生发展的思维空间 / 145

第三节 实践创新，规划学科课程的进阶路径 / 152

第四节 有序有趣，搭建智享物理实践平台 / 155

第五节 构建认证，完善探究课程的管理体系 / 164

后记 —— 168

前言

泰山不让土壤，故能成其大；河海不择细流，故能就其深。

我们正处在一个科技高速发展的时代，未来世界各国之间的竞争力在于高科技人才的培养，这无疑是对教育培养出高素质、创新应用型人才提出了更高的要求。教育是一项面向未来的事业，作为培养人才的主要战场，教育必须随着未来人才的变化需求做出相应的调整。由于受传统应试教育的深刻影响，让学生机械地学习，高分低能的现象屡见不鲜，长期的分科教学让学科之间相互割裂，导致缺乏高效整合类的课程资源和解决实际问题的能力，无法促进学生高效地学习，也就很难培养出具有批判性思考、协作交流能力、问题解决和创造力等综合素养的创新型人才。

《教育部关于全面深化课程改革落实立德树人根本任务的意见》中指出，中小学各学段要建立上下贯通、有机衔接、相互协调、科学合理的课程教材体系，基本确立教育教学主要环节相互配套、协调一致的人才培养体制，基本形成多方参与、齐心协力、互相配合的育人工作格局，要增强整体性，强化各学段、相关学科纵向有效衔接和横向协调配合。基于此，我们提出重视学生科学综合素养、促进学生创新应用能力提升的进阶式探究课程，通过学科整合的视角开发相应的课程，发展教育事业，为国家培养科技创新人才。

一、关注整合现象，树立进阶意识

自新中国成立以来，我国的课程结构经历了"多学科分散——交叉学科整合——跨学科一体化"的学科交叉整合发展过程。随着课程改革的持续推进，现代课程设计有了形式多样的创新，但学科核心素养仍然是引领教学的旗帜。"课程整合"一直是教育发展和课程改革倡导的重要理念，课程整合对培养学生的"跨学科"综合素养很有意义。不同学科之间在知识结构、知识体系与学生素养的培养上均有着一定的联系,且在不同程度上有着交互作用。探究式课程将不同学科知识进行有机整合,能有效发挥作用,有助于学生知识体系的优化,实现教学内容、教学手段、教学评价与多元化教学的有效整合,进而提升教学质量,全面提升学生的核心素养。

随着学习的不断深入和发展,学生的多学科知识不断积累,但由于较长时间的学习跨越,各学科教学的模块化、章节化,在学生头脑中的概念和规律往往有区域性碎片化的趋势。利用进阶理论对跨模块甚至是跨学科的知识进行整合,学生在各学段学习时,可围绕一个或者多个核心概念展开一系列由简单到复杂、由单一维度到多元维度的进阶式学习模式,同时实现学习进阶、学科进阶、探究进阶以及思维进阶。在进阶起点、进阶目标、进阶维度、进阶水平四要素的促进下,有助于学生知识体系的优化和核心素养的提高。

基于学习的需要,进行探究式、进阶性的多学科整合,以某一主题或项目为逻辑起点,在"问题驱动——自主探究——项目化学习——成果展示"的框架下,用问题探究模拟建构知识体系,追求学科内、跨学科、超学科等多种方式的融合,加深对学科理论知识的理解,培养学生的逻辑分析能力、模型与建模的思想、知识的迁移与应用能力。

为更好地实现这一目标,可采用灵活的方式,多角度、多渠道培养学生的多元思维能力。在具体实践中,可从生活实际出发,引导学生发现问题,围绕核心问题激发学生的创新意识,鼓励他们动手实践,通过交流平台促进学生思维碰撞,以多元化评价为导向提升学生的综合素养。这样学生不仅可以加强概念的习得,得到情感上的鼓励,而且可以促进学生主动、深刻地学习,从而提高学生的核心素养。

二、针对进阶探究,作出科学解释

探究是科学研究的基本方法也是重要方法。探究课程学习过程中既要传授知识又要培养能力,也就是说学习者在获得一定知识的同时还要具备能运用知识,甚至创新的能力。这个过程是复杂的,是需要一定时间的训练才能达成的。这样我们就需要一个有梯度的,可选择融合度高的体系,能让学生获取知识，培养能力，在实践中能发现问题、解决问题的进阶式探究课程。首先，课程设计要面向全体学生。任何课程的设计都是为学生而做，也必定要从学生的成长需要出发，针对学生不同年龄阶段、认知水平、个性发展需求等方面制定不同要求的学习任务。其次，课程设计要体现层次，也就是不同的阶梯。以"知识"为基础，以"能力"为核心，以"兴趣"为个性化发展的进阶式探究课程。再次，课程设计、教学、评价三位一体的体系。课程设计中的不同阶段要求，以实践为检验的唯一标准。在教学中根据实际情况进行调整，在教学中根据不同学生的认知水平、能力条件及时做出适当的评价和要求，以期达到鼓励学生，明确下一步的学习方向的效果。

通过有层次的探究学习，从而培养学生的科学素养。在这个培养过程中，根据教学内容、学生年龄层次、认知水平等方面，我们给学生设置不同的小目标，这一个个小目标实际上就是学生科学素养培养的"进阶"。教学过程中，目标的设立可以遵循几点原则。首先，明确教学内容和主旨要求，根据学生的实际情况、认知特点，设立有层次的灵活的目标。这是一种目标的"进阶"。其次，每一节内容都应该是有一个核心目标，在完成核心目标的同时去实现其他的目标。例如，完成知识目标的同时，培养学生的质疑能力。知识目标是核心目标，是力争绝大数的学生都应该达成的目标。学生的质疑则要根据学生个体的差异，逐步去培养、训练。这也是一种目标"进阶"。再次，总目标和小目标是一个完整的体系。它们是要落实到课程的编写、教学组织、资源配置等各个环节。先分再合，课程的目标前后关联，逐层递进，这也是一种"进阶"。

三、驱动多元思维，建构多科合力

目前，一些课程的结构设置存在类型单一化，内容难、繁、偏等问题。进阶式探究学习采用多学科融合模式，博采众家之长，构建多科合力，打破学科壁垒，让每个学生在更多的选择中，满足他们的兴趣和需要，从而培养出能运用多元思维思考解决问题的学生。

在以"知识"为基础的必修课程基础上，我们又以"兴趣"为导向的设置个性化课程进阶模块，完善了学生的各学科知识结构，使学生能根据兴趣参与课程，促进他们的独立思考，拓展了他们的知识层面，解决了科学课程只有广度没有深度的问题。当然这些还远远不够，我们需要培养的人才应该同时具备科学素养和人文素养，这就要求我们要加强学科融合。任何知识体系都会牵扯到其他学科的知识，将多学科融合并整合多种资源，产生新的"化学反应"从而得到意想不到的教育效果。学生如何更有效地学习科学知识，提高探究能力，其实更多的体现在普通的现象中或平常接触的事物中，让学生发现问题，并且能够想办法解决它。对学生来说从诗词中发现科学现象，运用数学的统计方法发现科学规律，这本身就是科学素养的提升。我们在课程设计中加入多学科融合的进阶模块，能够更好地提升学习兴趣和能力，培养他们的多元思维。

学习科学知识的目的就是为了更好地解决生活中的问题，如果脱离实际生活需求，那么就失去了学习的意义。在生活中发现问题并且解决它，或者在应用中能够明白其中的科学原理，而如何去培养这样的能力是我们一直努力的目标。设计一些实践类的进阶课程，是检测学生学习能力的一种手段，这种手段本身又是一种体验式学习，它可以作为室内课程的补充和升华。例如，关于垃圾分类的知识，可以设计一系列针对不同年级的垃圾分类实践活动，让学生通过在生活中亲身体验，掌握相关知识与技能，学会运用所学知识改变生活。低年级孩子统计每类垃圾的数量，高年级孩子设计问卷调查垃圾分类知识在群众中的掌握情况，鼓励孩子们制作宣传垃圾的资料。在这个实践过程中，学生们会运用数学知识、文字功底、与人沟通的技能以及审美等学科知识。这个任务的完成，就是需要多学科合力帮助学生得到一个全面的发展和能力的提升，让他们体会到学习的快乐，达到学科学、用科学、爱科学的目的。

四、提升核心素养，培育创新人才

《国家中长期教育改革和发展规划纲要（2010—2020年）》指出，坚持以人为本、全面实施素质教育是教育改革发展的战略主题，其核心是解决好培养什么人、怎样培养人的重大问题，其重点是培养具有社会责任感、创新精神和实践能力的新时代人才。随着进入新时代，现代教育必须要注重核心素养的培育，提高学生的综合素质，实现人的全面发展的目标。《全民科学素质行动规划纲要（2021—2035年）》中指出要激发青少年好奇心和想象力，增强科学兴趣、创新意识和创新能力，培育一大批具备科学家潜质的青少年群体，为加快建设科技强国夯实人才基础。

当今世界，科学发现与技术创新不断涌现。科学技术的快速发展对每一位公民的科学素养提出了新的要求。提高公民的科学素养，对于公民改善生活质量，增强参与社会和经济发展的能力，建设创新型国家，实现经济社会全面、协调、可持续发展都具有十分重要的意义。新时代，我国教育改革迫切需要教育理念的革新，需要做到与时俱进。新时代的教育必须创新课程模式，结合学情实际和时代资源，根据多元整合理论，进行多元整合的策略研究，整合资源，多元共促，利用进阶式探究课程推进教学改革的有效实践，弥补传统教育的缺憾，发展学生的多元思维能力，落实国家"立德树人"的培养任务。

简而言之，将进阶式探究课程这种新兴的教育理念引入义务教育阶段的课堂，形成中小学各学段上下贯通、有机衔接、相互协调、科学合理的课程教材体系，实现学习进阶、学科进阶、探究进阶、思维进阶，能够加深学生的学习体验，让学生在充满意境的教学情境当中释放天性，实现个性化成长。进阶式的课程设计思路，可以很好地解决课程体系中前后内容之间的衔接问题，明确前后知识之间的联系，增强了整体性，强化了各学段、相关学科纵向有效衔接和横向协调配合。再通过问题探究——基于任务驱动的进阶式探究教学提高了学生的学习意愿，从而更好地发展学生的核心素养，为我国培养出顺应时代发展的综合性创新型人才做好准备工作。

（撰稿者：许磊）

第一章

进阶式探究课程的理念

进阶式探究课程基于课程学习的周期以及学生的年龄特征、认知规律，以核心知识概念为主轴，立足长期、持续、渐进地探究学习，实施多学科整合课程，在此过程中达成课程、教学、评价三个方面的协调作用。进阶式探究课程理念认为，学习是一个逐渐积累演进的过程，学生对知识的理解存在多个不同的中间水平，在进阶式探究课程学习的过程中，学生的理解和思考都将日趋成熟、不断深入。

美国国家研究委员会（National Research Council, NRC）在 2005 年的《国家科学评价体系》中，首次明确提出了学习进阶，"是促进课程标准、课堂教学与考试评价三者一致性的有效工具"。[①] 学习进阶理念指出，学习是一个累积和演进的过程，学生对某一知识内容的理解存在多个不同的中间水平。在长时间的学习中，学生的理解和思考将日趋成熟和深入。

探究是人们探索并获得新知识的重要方法，它需要讲求证据，通过分析相关的信息并加以推断，公开成果。进阶式探究课程基于学生的不同年龄阶段，围绕核心知识概念，长期不断地深入探究学习。它包括锚定起点、锚定终点和多个中间水平，是一种基于实证研究的假设，可由实践检验。[②] 设计良好的进阶式探究课程在课程、教学、评价三个方面会具有很好的协调作用。进阶式探究课程的基本设计理念包括以下几方面：

一、面向全体学生

学习与发展的主体是学生，进阶式探究课程的内容编排是按照学生对学习概念的理解进阶规律进行组织的，实现不同年龄阶段的学生对相同概念的不同深度和广度的探究学习。学生在学习和探索某一主题时，对该主题的思考以及对知识的理解在很长的一段时期内是逐步发展的。进阶式探究课程规划了不同水平学生应达到的学习能力，有利于为衡量不同水平的学生做参考，从而满足每位学生的个性发展。以"智创科学"课程的设计理念为例，它包含：重个体、乐探究、有趣味、乐创造、重合作。鼓励学生进行多合作、多探究，使学生认识到小组探究中可以各展所长，可以相互配合、实现互补，激发好奇心和创造性，培养交流、倾听和合作的能力，不断提高自身的科学素养。

二、螺旋式课程设计思想

进阶式探究课程的课程设计是螺旋式课程的当代发展，是围绕核心问题

[①] National Research Council. Systems for State Science Assessment [M] //Washington, DC: The National Academies Press, 2005: 3.
[②] 张颖之. 理科课程设计新理念："学习进阶"的本质、要素与理论溯源 [J]. 课程. 教材. 教法, 2016, 36（06）：115—120.

和跨学科概念组织起来的逐步加深的课程内容。进阶式探究课程的构建围绕核心问题，若干个次一级的核心概念支撑起一个核心概念，而不同阶段的课程内容相互联系又支撑起次一级的核心概念。不同阶段的内容相互联系，构建出由简到繁、具体到抽象、宏观到微观的体系，并始终围绕核心问题进行探究。以"智创科学"课程设计为例，借助于学习进阶框架确定目标，驱动问题设计线索，强调知识、能力的共同进阶。课程中还设置了校外探究活动，做好与传统课程的有机结合。

三、通过课程设计实现课程、教学和评价的一致性

对核心问题的探究或实践，评价可用于检测学生的理解和掌握情况，同时在时间的推移中，追踪学习进阶的发展情况。由于不同阶段学生发展水平有所差异，相应的评价标准体系也需作出合理的调整。在进阶式探究的课程设计中，为满足课程的要求和学生的认知阶段，严谨地设定了不同年龄学段的程度要求。课程设计中给出了不同学段学生的学习期望，鼓励教师运用多种教学方式引导学生从进阶的一级台阶迈向更高的一级台阶。另一方面，向学生明确展示他们的评价标准。以学习进阶方式叙述的学习期望，不仅能提高教师了解学生和引导学生达到要求的目标水平，而且也提高了学生自己了解评价他们自身的水平层次。[①] 进阶式探究课程的课程、教学和评价是力量一致的，通过合力，共同促进学生的学习水平逐级提高，最终达到学习进阶水平层次。因此，进阶式探究课程既给教师的教学工作提供了强有力的指导，也为建立课程评价系统提供了坚实依据。

（撰稿者：王赛）

合肥市翠庭园小学以"求真知，做真人"为校训，秉持"春晖沐合　翠色满园"的办学理念，践行"向着那一抹绿色蓬勃发展"的课程理念，着力进行本校科学学科课程建设。目前我校科学教研组总人数 4 人，其中高级教

---

① 李佳涛. 以学习进阶方式统整的科学课程设计研究［D］. 武汉：华中师范大学出版社，2014.

师 1 名，市级优秀辅导员 2 名。尽管团队人数不多，但经过长期的课程实践，研究教材教法，他们在引领学生走进科学学习的大门上取得了优异的成绩，带领学生获得了全国青少年科技创新大赛实践活动一等奖、全国科学 DV 电影评比一等奖等奖项。我们依据教育部《关于深化课程改革，落实立德树人根本任务的意见》以及《义务教育小学科学课程标准（2017 版）》，推进我校科学学科课程建设。

第一节

融创智慧，把自己的创意转变成现实

一、学科性质

《义务教育科学课程标准（2017版）》特别指出，小学科学课程是以培养科学素养为宗旨的科学启蒙课程，具有基础性、实践性、综合性的特点。[1] 在国家科学课程的教育阶段，必须让学生掌握相应的科学技术知识，掌握基础的科学方式方法，了解科学的根本面目，建立学生正确的科学思想观，倡导科学精神，学生能初步运用已学科学知识处理生活中的部分实际问题，为以后的科学学习夯实基础。

因此，小学科学课堂教育要以学生自主探究为核心，必须以一种全新的与以往不一样的学习方法，在课堂中来指导和实施。小学科学要注重实践性，重视学生亲身参与探究，培养正确的科学态度，同时注重与其他学科之间的相互渗透，促进学生多方面发展，在激发学生好奇心、培养科学创新精神以及提高探究实践能力的方面有着巨大影响。

二、学科课程理念

立足儿童身心发展特点，依据《义务教育小学科学课程标准（2017年版）》文件精神，并结合我校科学学科的实际情况，我们提出了智创科学的学科课程哲学以及以"用智慧引领创新"为核心的科学学科课程理念。"智创

---

[1] 中华人民共和国教育部. 义务教育小学科学课程标准（2017版）[S]. 北京：北京师范大学出版社.

科学"坚持以智为本。"智"即智慧、见识、聪明,注重学生发散思维,主动思考。"所以知之在人者谓之知。知有所合谓之智。"(《荀子》)只要以知识经验为基础,综合自身的科学经验来认识和解释生活中的现象,培养学生乐思考、敢质疑、善反思的科学精神,用智慧的视角认知这个世界。"智创科学"坚持以创为先。创即创新、创造,倡导学生敢于实践,乐于创新。实践是检验真理的唯一标准,科学的探索需要实践,而实践活动中遇到的问题往往需要我们用创造性的方法来解决。让儿童把自己的创意转变成现实,用智慧引领学生创新创造。

——智创科学重个体。每个孩子都应该学好科学,智创科学课程面向全体学生,针对学生年龄特征和个体差异,提供公平的学习和发展机会,让每个孩子都能在智创科学的学习中获得全面发展和进步。

——智创科学乐探究。探究是人们探索世界、获得新知的重要方法。智创科学积极引导孩子通过探究的方法去学习新知。通过创设合适的情景,为学生提供探究学习平台,一步步培养学生的创新思维和想象力。

——智创科学有趣味。智创科学创设轻松愉快的学习环境,精心设计的趣味活动课程让孩子的好奇心和求知欲得到满足,激发了他们对科学探究学习的动力,让智创科学变成学生快乐创造的课程。

——智创科学乐创造。智创科学注重学生创造力的培养,让孩子在"发现问题、作出假设、制定计划、实验验证、分析总结"的进阶探究过程中不断进行创新,提升自身科学素养,每一次探究都是科学智慧的生长,都是科学学习的快乐体验,更是科学智慧的创新。

——智创科学重合作。科学是一门注重合作的学科。在小学科学学习中,学习的主体是学生,老师在实践探究活动中只是引导者,学生需要通过小组合作才能完成探究任务。智创科学在学习过程中,通过多种形式的活动,让学生有目的、有意识地进行小组合作,体会团队合作的重要性。

总之,智创科学力求让孩子在科学的海洋中快乐探索,在探究活动中灵活动脑,创新创造,不断提高自身的科学素养。

第二节

明确方向，指引儿童奔向科学的未来

《义务教育小学科学课程标准（2017版）》指出：小学科学课程的总目标是培养学生的科学素养，并为他们继续学习、成为合格公民和终身发展奠定良好的基础。[①] 让学生在科学课程中，保持旺盛的学习热情，具有一定的探究和实践能力，培养保护生物和生态环境的意识和社会责任感。基于此，结合学校实际情况，制定了科学学科的总体目标和年级目标。

一、科学课程总体目标

根据小学科学课程标准的要求，科学学科课程的总体目标如下：

（一）科学知识

1. 掌握物质的基本性质和基本运动形式；
2. 了解生物体的主要特征，了解生物与环境之间的相互作用；
3. 对地球、太阳系和一些星座有一定了解。

（二）科学探究

1. 了解获取科学新知的最佳方法是探究，学生可以利用多种途径探寻证据，并与他人分享交流，达成共识；
2. 初步认知思维方法，比如分析、综合、比较、分类、抽象等，并发展学习、思维、实践和创新能力，以及与他人合作交流的能力。

[①] 中华人民共和国教育部. 义务教育小学科学课程标准（2017版）[S]. 北京：北京师范大学出版社.

（三）科学态度

1. 保持好奇心和探究欲，积极参加活动，并克服困难，完成目标任务；
2. 乐于发表自己的观点，倾听他人见解，不断更新自己的观点；
3. 运用批判性思维进行科学学习，善于质疑，多角度思考，追求创新；
4. 乐于合作，积极参与讨论，尊重他人态度和情感。

（四）科学、技术、社会与环境

1. 初步了解所学的科学知识在生活中的应用；
2. 了解科技发展和社会经济发展中的重要关系；
3. 了解科技的研究与应用需要正确的价值取向。

二、学科课程年级目标

根据《义务教育小学科学课程标准（2017版）》要求，结合我校科学学科课程总目标和1—6年级的学情，我们设置了科学课程年级目标：（见表1-1）

表1-1　合肥市翠庭园小学"智创科学"学科课程年级目标

	上学期	下学期
一年级	1. 能利用生活中的经验来观察、描述常见物体。 2. 观察描述常见物体的基本特征。 3. 了解科技对我们生活的影响。	1. 辨别生活中常见的材料，了解它们的特性。 2. 测量、描述物体特征和材料的性能。 3. 尝试用不同的方法完成探究活动，感受创新的快乐。
二年级	1. 认识周边常见的动物和植物，能简单描述其外部主要特征。 2. 初步了解植物和动物的主要组成部分，知道动植物的生命周期。 3. 了解环境对我们的重要意义，主动保护环境。	1. 初步认识到动植物都会产生后代，并世代相传。学生能观察生物特征，对其进行简单分类。 2. 初步认识动物与植物之间的关系，了解生物生存环境的多样性和生物物种的多样性。
三年级	1. 能选择合适的工具观察自然，并简单描述特征及一些现象。 2. 认识生活中的简单工具；知道常见的工具的功能，并会使用它们。	1. 能利用周围的材料和简单工具动手解决一些简单任务。意识到使用工具可以便捷我们的生活。 2. 初步认识人工世界，知道人工世界是设计和制造出来的。
四年级	1. 了解日月地的相对运动关系。 2. 对宇宙中的一些知识有基本了解。 3. 知道昼夜交替、四季变化的成因。	1. 认识地球的大气、水和岩石组成。 2. 通过对大气循环、水循环以及地壳运动等知识，认识和保护我们的地球。

续 表

	上学期	下学期
五年级	1. 初步认识常见的力。 2. 能描述物体运动，认识力的作用。	1. 了解常见的物质的变化。 2. 了解不同形式的能量，知道不同能量之间的转换。
六年级	1. 了解人体的主要生命活动，关注人体健康。 2. 了解男女生的差异，互相尊重。 3. 正确认识成长中的身体变化。	1. 初步认识自然界各种资源和能源。 2. 了解地球资源的基本状况及以及一些自然灾害的发生。 3. 认识人与自然的关系，认识到人类应当爱护地球家园。

第三节

制定计划，描绘创新学习的美好蓝图

科学教育是以探究为核心的，基于我校科学学科"用智慧引领创新"的理念，设置了我校科学学科的课程框架。

一、学科课程结构

为了培养学生在将来自身发展的需求和适应未来社会共同需求的基础，满足个性的学习，让学生具有创新思维和探究精神，与自然和谐相处的生活态度等。基于此，我们形成了智创科学学科课程结构图（见图1-1）。

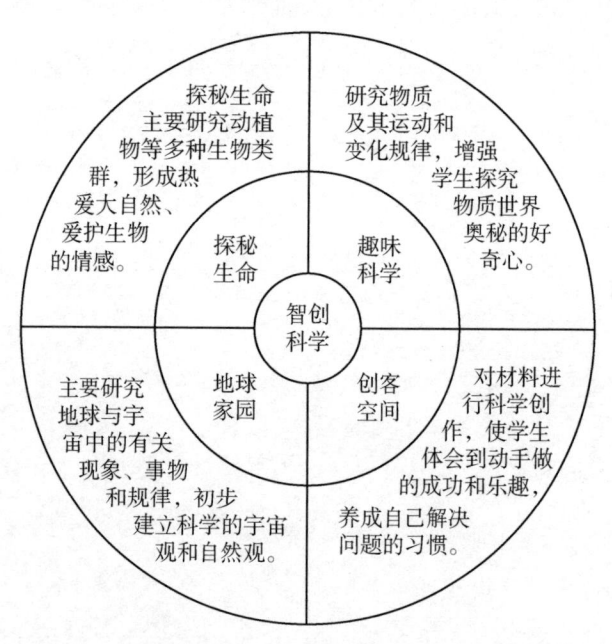

图1-1 合肥市翠庭园小学"智创科学"学科课程结构图

从上图中得出：

1. 趣味科学： 趣味科学是研究物质及其变化规律的趣味活动课程。满足了学生探究的好奇心，让学生感受到学习科学对社会发展的重要意义，帮助学生养成勤观察、重事实、乐探索的科学品质。

2. 探秘生命： 探秘生命是帮助学生认识和探究动植物等生物的活动课程。在与动植物的亲密接触中，激发学生兴趣，形成保护环境、热爱生命的情感。

3. 地球家园： 地球家园主要带领学生认识地球，并了解常见的现象以及地球与宇宙的关系。精心设计的趣味探究活动，激发学生对探索宇宙的动力，培养了学生在空间想象和模型思维等方面的能力。

4. 创客空间： 创客空间旨在培养学生的创造力。在课程中，通过综合学习各方面知识，并将所学有机结合，动手创造自己的小发明，使学生体会到创新发明的乐趣，并逐步养成善于思考、自己动手解决问题的习惯。

二、学科课程设置

依据"智创科学"课程结构以及不同学段学生成长的需要，我校从一年级到六年级，分十二个学期设置了智创科学学科课程内容。具体课程设置如下表：（见表1-2）

表1-2 合肥市翠庭园小学"智创科学"学科课程设置表

年级	学期	拓展课程			
		趣味科学	探秘生命	地球家园	创客空间
一	上学期	大气革命	昆虫记	仰望星空	数数看看
	下学期	神奇的静电	鸟类乐园	太阳的变化	妙笔生花
二	上学期	东南西北	花开花落	海底两万里	智慧生活
	下学期	炫彩树叶	宠物当家	月球探秘	科学小导演
三	上学期	奇妙磁铁	奇趣树林	星际迷航	我型我秀
	下学期	电学博士	草丛探秘	气象百科	魅力小车
四	上学期	淘气的水	人体旅行	风暴世界	桥梁建造家
	下学期	岩石探秘	种子历险记	翱翔蓝天	造船大师

续 表

年级	学期	拓展课程			
		趣味科学	探秘生命	地球家园	创客空间
五	上学期	光影迷宫	五官争宠	地球脉动	变废为宝
	下学期	趣味化学	花的一生	果核宇宙	科技动手做
六	上学期	彩虹世界	微观世界	火山喷发	创意达人
	下学期	能量转换	动物迁徙	神秘海洋	创客联盟

第四节

付诸行动，让更多创新种子开花结果

"智创科学"课程整合校内外教育资源，通过"智创课堂""智创活动""智创社团""智创研学""智创节日"五个方面推进课程实施。

一、打造智创课堂，彰显科学课堂魅力

智创课堂，是一个让师生互动进行学习的课堂。教师不仅仅是要通过传统方式传授知识技能，更要让学生动起来，积极动脑并付诸行动。教师要创造性使用各种教育资源，对每个学生进行针对性的启发教育，并和学生一起进行探究，不断发展他们的创新意识和实践能力。

（一）智创课堂的推进策略

1. 智创课堂注重科学探究。在教学中，教师要巧于设计，让学生亲历探究的完整过程。对于设计的方案，应注意符合学生的年龄特征，重视从学生的日常生活入手，联系实际，丰富活动内容，倡导学生之间合作进行探究。

2. 智创课堂注重学习方式多元化。创新意识的培养需要多元化的学习，让孩子的思维不仅仅局限某一区间内。例如，探究活动中，学生在寻求证据的过程中可以是多样的，这些证据可以来自教材或老师，可以是学生在课外从书本或互联网获得，也可以来自学生生活经验或直接实验得到，进而通过分析、思考，提出自己的观点和看法并在小组进行讨论，这样可以极大地锻炼学生的学习探究能力。教学中应综合考虑学生的掌握情况，统筹安排传统教学和多元化学习的关系，不断优化教学效果。

3. 智创课堂注重学生的积极参与。在教学中，往往精心设计的一堂课，

老师讲授得非常好,但是学生的反馈却不是很理想。教师要改变旧的教学理念,把怎样让学生乐于参与课堂放在首位进行教学设计,积极创造一个孩子喜爱的课堂学习氛围。把被动学变为主动学,引导学生成为创新学习的主力军。

4. 智创课堂注重实践性。培养学生的科学素质,仅仅在课堂上学习是不够的,让学生带着问题走出校园,走进大自然,让校内教学与课外活动密切结合起来。如让学生到社区或户外,去收集素材,培养学生获取信息的能力。

(二) 智创课堂的评价标准

智创课堂以学生学习评价为重点,一堂课的好坏,主要从学生是否能积极参与学习、是否能有效吸收课堂知识、是否有利于全面发展为基本评价指标。评价内容方面多元化,从设计、目标、内容、过程、等方面对教材、教师和学生进行多维评价。据此,我们设计了符合智创课堂内涵的智创课堂评价量表(见表1-3),以量化的方式对课堂进行评价。

表1-3 合肥市翠庭园小学"智创课堂"评价量表

教师		课题		年级			
项目		评价标准		评价			
教材设计		1. 教材设计符合学生年龄特征。 2. 有利于学生自主合作学习,培养创新意识。 3. 活动设计精巧,学生乐于参与。		20	16	12	8	4
教学目标		1. 学习目标基于学科素养和课程标准。 2. 综合考虑学生年龄特点,形成合理任务单。		10	8	6	4	2
教学内容		1. 内容难度合理,有利于学生建构知识。 2. 教学重难点明确,易于学生理解。		10	8	6	4	2
教学过程	教师行为	1. 有效引导学生亲历科学探究过程。 2. 积极组织小组合作学习,对学生指导得当。 3. 教学方法多样,学生反馈较好。		10	8	6	4	2
	学生行为	1. 勤观察,乐动脑。 2. 主动合作,与他人分享收获。 3. 不盲从,有自己的观点,敢于质疑和接受质疑。		10	8	6	4	2
	师生互动	1. 教师创设轻松的学习氛围,学生乐于参与。 2. 学生小组积极合作,积极回应教师。		10	8	6	4	2

续 表

项目	评价标准	评价			
教师素质	1. 举止得体，语言规范。 2. 教学流畅自然，教法不拘一格。	10	8	6	4	2
教学效果	1. 学生对知识、技能熟练掌握。 2. 学生在探究活动中有愉悦的体验。 3. 能给学生后续学习产生积极影响。	10	8	6	4	2
综合评价		总评

二、开展智创活动，培养学生的动手操作能力

为了培养学生的动手操作能力，"智创活动"基于趣味性的开放课程来进行科学知识拓展。课程总共有十四节教学课时以及最后一节展示课，这些课程涉及多个学科领域知识，包括物理、化学、生物和地理等多学科整合，每课时围绕不同的主题来探索科学的奥妙。

（一）智创活动的实施策略

在每一节课的课程内容中，我们始终坚持通过目标创设情境，提出问题，引导学生操作实验，观察实验，最后得出新知识这样的方式来激发学生对科学的兴趣，以达到教学目标。在教学中充分利用校内外资源，使其成为学生展示发挥科学才能的主战场，让学生体验到生活中科学是无处不在的，在平时生活中细心观察现象，敢于问为什么，乐于探索原因，做生活的有心人。

（二）智创活动的评价策略

智创活动鼓励学生在学习不同学科知识的基础上，综合运用经验解决问题。在学生主动探究、协同合作、利用知识经验解决问题的同时，活动的各项成果就会逐渐显现出来，包括对活动过程的猜想、记录、研究结果的整理、活动体验的感受以及在活动中获得的成长。教师要引导学生将这些有形和无形的收获梳理归档，形成内容丰富的研究成果。智创活动评价量表（见表1-4）。

表1-4 合肥市翠庭园小学"智创活动"评价量表

一级指标	二级指标	三级指标	学生自评	教师评价
科学态度	科学意识	乐于探究生活中的现象；积极主动参加校内外的科学探究活动。		

续表

一级指标	二级指标	三级指标	学生自评	教师评价
	实践意识	乐于动手实践，获得亲身参与的积极体验，锻炼自己的动手能力。		
	交流意识	有公开并与别人交流的愿望；有主动与他人合作的态度，并能理解别人的观点。		
	创新精神	在活动中不断发现问题、提出问题、解决问题。		
知识与技能	学习能力	能根据所学知识大胆猜想，举一反三，自己提出问题并设计方案。		
	操作能力	能够通过观察、实验、调查、阅读等方式收集可观察和测量的资料；学会使用各种工具、仪器。		
	协调能力	能和小组成员良好沟通，有团队意识。		
	创新能力	能根据已有经验，提出自己的独到见解。		
活动效果		善于观察、善于思考，能提出问题并提出解决问题的策略。		
		学会与人协作交往，学会反思。		
		养成自主探究的习惯，有合作和竞争意识，分享学习成果。		

三、建设智创社团，培养学生科学兴趣和创新实践能力

智创社团以学生喜爱的形式给孩子们普及科学知识，将理论实际与结合，在实践中体会科学发明创造的快乐，积极树立科学的人生观、价值观。

（一）智创社团的类别

我校历来重视科普教育，为了提升师生的科学素养，我校成立了乐高社团、观鸟社团、科普社团、机器人社团、科技动手做社团、创客社团等众多优质科学学习的社团，为孩子们提供多样化、个性化的自由展示空间，充分享受科学学习带来的快乐。

（二）智创社团的评价要求

"智创社团"的具体评价要求（见表1-5、表1-6）：

表1-5 合肥市翠庭园小学"智创社团"指导教师活动评价表

评价目标	目标描述	评价	备注
理念体现	活动设计体现课程的基本理念，体现多元的培养目标。		
活动目标	确定符合学段特点，体现创新与实践相结合的智创科学目标。		

续 表

评价目标	目标描述	评价	备注
活动内容	活动内容的设置活动内容生动有趣，贴近学生的生活，符合学生认知，并与教学目标一致。		
指导方法	教学方法多样化，启发学生发散思维，体现科学探究的趣味性。		
活动组织	注重启发式、探究式教学，围绕学生展开活动，给学生搭建展现自我、锻炼自我的平台。		
活动准备	活动组织有序、高效。		
专业素养	教师基本功扎实，定位课程准确，能恰当引导学生自主学习。仪表、教态、语言自然和谐。		

表1-6 合肥市翠庭园小学"智创社团"学生活动评价细则

评价目标	自我评价	小组成员评价	教师评价	综合评价
认真聆听	☆☆☆☆☆	☆☆☆☆☆	☆☆☆☆☆	☆☆☆☆☆
积极参与	☆☆☆☆☆	☆☆☆☆☆	☆☆☆☆☆	☆☆☆☆☆
动手实践	☆☆☆☆☆	☆☆☆☆☆	☆☆☆☆☆	☆☆☆☆☆
交流表达	☆☆☆☆☆	☆☆☆☆☆	☆☆☆☆☆	☆☆☆☆☆
合作精神	☆☆☆☆☆	☆☆☆☆☆	☆☆☆☆☆	☆☆☆☆☆
活动成果	☆☆☆☆☆	☆☆☆☆☆	☆☆☆☆☆	☆☆☆☆☆
我想说				

四、开展智创研学活动，在行走中求知，在探索中求知，在联结世界中求知求善

学以聚之，问以辨之，乐于求知，勇于创知。智创科学课堂倡导从学生的兴趣出发，让学生面对真实的事物，留心观察生活中的事物和现象，从学习和生活的情境、大自然和社会中发现感兴趣的问题，用创造性思维加以总结提炼，整体把握事物特征，形成有价值、有意义的活动主题。

让孩子们背上求知欲与好奇心的行囊，迈着轻快的步伐，踏上一次研学之旅，走出校门，走进广阔而鲜活的课堂。在研学的道路上，哪里有求知欲，哪里就有学校，学生在行走中求知，在探索中求知，在联结世界中求知求善。

（一）智创研学的实施

研学旅行是智创课程的重要组成，在研学旅行中，学生与自然同行，在行动中探究奥秘，在实践中获得真知，在快乐中自然生长。

1. 研学主题。研学旅行的主题要经过充分准备，符合学生实际情况，具有创新性、新颖性。

2. 研学准备。做好研学旅行前的准备工作。针对不同年龄阶段的学生，要有相应的应急预案，未雨绸缪。

3. 组织安排。研学中配备专业的带队教师，学生组织活动要周密安排，把行程中的安全问题放在第一位。

4. 研学计划。研学路线要经过详细考察，要制定好活动计划，教师和学生对研学路线要清楚。

5. 研学评价。在研学过程中进行科学系统的评价以保障研学活动的正常开展。

（二）智创研学的评价要求

在推行研学后，要全面体现研学过程学生的参与度（见表1-7）：

表1-7 合肥市翠庭园小学"智创研学"评价细则

	评价内容	学生评价	教师评价	综合评价
生活自理	能自己收拾好行李并打包	☆☆☆☆☆	☆☆☆☆☆	☆☆☆☆☆
	了解目的地的情况	☆☆☆☆☆	☆☆☆☆☆	☆☆☆☆☆
	遵守行程规定与安排	☆☆☆☆☆	☆☆☆☆☆	☆☆☆☆☆
文明守纪	积极主动参与集体活动	☆☆☆☆☆	☆☆☆☆☆	☆☆☆☆☆
	在公共场合懂文明、讲礼貌	☆☆☆☆☆	☆☆☆☆☆	☆☆☆☆☆
	在行程中关心同学、尊敬师长	☆☆☆☆☆	☆☆☆☆☆	☆☆☆☆☆
	在活动中团结友爱、互帮互助	☆☆☆☆☆	☆☆☆☆☆	☆☆☆☆☆
	健康饮食，不浪费粮食	☆☆☆☆☆	☆☆☆☆☆	☆☆☆☆☆
安全自护	遇到紧张情况，冷静应对不慌忙	☆☆☆☆☆	☆☆☆☆☆	☆☆☆☆☆
	保护好人身与财产安全	☆☆☆☆☆	☆☆☆☆☆	☆☆☆☆☆
	安全出行，遵守交通规则	☆☆☆☆☆	☆☆☆☆☆	☆☆☆☆☆
	爱护公物，遵守公共秩序	☆☆☆☆☆	☆☆☆☆☆	☆☆☆☆☆
	保护环境，维护公共卫生	☆☆☆☆☆	☆☆☆☆☆	☆☆☆☆☆
情感体验	认真记录行程中的见闻与感悟	☆☆☆☆☆	☆☆☆☆☆	☆☆☆☆☆
	活动后总结收获，反思不足	☆☆☆☆☆	☆☆☆☆☆	☆☆☆☆☆
	克服困难，顺利完成研学活动	☆☆☆☆☆	☆☆☆☆☆	☆☆☆☆☆

五、举行智创节日,营造校园科普氛围,启迪学生的科技志向

合肥市翠庭园小学自办学以来一直以来以科普教育为特色,大力发展科普教育。为了迎接每年的全国科普周(9月的第三周或第四周),翠庭园小学举行了一系列科普周科学活动。

(一)智创节日的组织与实施

为了举办好每年的智创节日——全国科普周,翠庭园小学举行了科普周系列活动,并于周一升旗仪式时进行国旗下演讲,号召全校师生共同参与进来。节约用水主题讲座;叶画制作比赛和科普手抄报比赛,作品征集之后,经过层层比较和筛选,评选出一、二、三等奖作品和优秀组织奖。通过这些智创节日活动,大力营造校园科普氛围,让全体师生都积极参与进来。

(二)智创节日的评价要求(具体要求见表1-8)

表1-8 合肥市翠庭园小学"智创节日"评价细则

活动细则	活动要求	评价
活动主题	选题合理、巧妙、新颖。	
活动内容	内容丰富多样,符合学生年龄特征;有创新性、实践性,达到科普宣传目的。	
组织安排	活动组织有序,人员安排得当。	
积极参与	师生热情参与,积极响应。	
学生反馈	学生喜爱,乐于参与。	
活动效果	活动普及参与面广,科普宣传效果明显。	
总体评价		

综上所述,合肥市翠庭园小学立足儿童身心发展特点,依据《义务教育小学科学课程标准(2017年版)》文件精神,提出以智创科学为核心的科学学科课程理念。智创科学坚持以智为本,坚持以创为先。着力培养学生乐于动脑、敢于质疑、善于反思的科学精神,用智慧的视角认知这个世界,在实践活动中运用创造性思维去解决问题。让学生大胆创新,把自己的创意转变成现实,在发明创造的实践中提高创造创新能力。让每个孩子都能在科学的海洋中快乐探索,在探究活动中灵活动脑,创新创造,不断提高自身的科学素养。

(撰稿者: 王赛 徐双锁 李子木 戴淑霞)

第二章

进阶式探究课程的目标

进阶式探究课程的目标是以遵循国家课程目标为基础，在此基础之上进行扩充和开发。进阶式课程探究的目标是根据不同年龄段学生知识掌握的深浅和能力发展水平的高低不同，设置阶段性探究目标，且根据学生的年级增长探究目标，整体呈螺旋式上升。在这一目标下，可以实现多学科融合，使教学内容多元化，学生在进阶式探究课程中达成学习和思维双向进阶发展的目的。

进阶式课程探究的目标指的是，根据不同年龄段学生知识掌握深浅和能力发展水平的高低，设置阶段性探究目标，且根据学生的年级增长，课程中的探究目标也在呈螺旋式上升，而不同年级的探究课程的目标也是相互关联的。学习进阶理论能够促进形成全面而系统的学习目标，为今后科学的课堂教学中的学生进阶式探究有了坚实的基础。在这样的课堂学习中，坚持对如何为学生设置相对应的课程与教学理论，有探究色彩的学习路径这一核心问题的研究。Bruner 提出了螺旋式课程设计方案，并指出越是学习的提前性越是可以使以后的学习更为简单和易于把握。建构主义论者则是强调学习者的学习经验可以有超越性，在学习者开始正式学习之前，在他们的脑海中有预设的经验与前置的概念，学习者学习到的新知识是建构在这些预设经验和前置概念的基础上。Brown 和 Campione 提出了一个基础加提高性的"发展阶梯"，它会逐渐完善、引入，以及扩充低幼龄段儿童的学习的概念。在这样的理论基础上，进阶式探究课程的目标应该像发展式阶梯的理论学习经验，进阶式探究课程的核心问题：应该考虑学生在学习的路途中如何自主设定符合自身学习的探究学习方法与方式。在进阶式探究学习的基础之上，进阶式探究课程的目标制定就非常具有现实的意义。

充分依据《义务教育小学科学课程标准（2017 版）》中的要求，"小学科学课程就是要培养学生的良好科学素养，为他们将来继续学业、成为国家合格公民、终身学习发展奠定优良的基础"。[①] 通过科学国家课程目标与校本课程特色目标的制定：能够让学生主动获取学习的信息，为自己要达到什么样的目标而做学习准备。能够让学生自主制定研究活动方案，可以利用各地区不同学校周边的资源。能够让学生用科学研究的方法解决问题，可以促进师生交流学生交往。能够在目标上要求学生达到一定的要求。在科学课堂上不是仅仅能够引发学生的探究兴趣，而且可以通过多层次的科学描述，提高学生的语言准确性和精炼度，锻炼学生的理解能力和动手能力，这对于学生学习语言类学科也有着明显的促进作用。科学探究的意识需要有严整的逻辑意识和因果关系，也有利于学生理解和学习理科知识。利用这种意识可以让

---

① 中华人民共和国教育部. 义务教育小学科学课程标准（2017 版）[S]. 北京：北京师范大学出版社，2017：1—2.

学生在多学科多门类的学习中依然能够保持学习的兴趣，形成较强的社会责任感和爱国情怀。近代中国科学技术的普遍落后，得到的是灾难与被侵略，给人民带来了巨大的伤痛。家国情怀是每一位学生都必须具备的。科学课程则是一扇窗户，让学生面对外来知识从而产生学习的兴趣，也在培养学生对国家的认同感和自豪感，"科学虽无国界，但科学家是有祖国的"，使学生树立起正确的爱国主义价值观。让学生在进阶性科学理论里实践创新，感悟科学的魅力，积累足够的科学基础知识，科学实践动手能力用于学生的培养，对学生进行规范，求实严谨的科学素养教育，让学生在开放、开心、个性化的科学课堂中，培养规范的科学态度，提高自己个体的科学素养。

（撰稿者：仇明明）

合肥市华府骏苑小学科学组，现有专任教师3人，由骨干教师1名，年轻教师2名组成。科学教研组短小精悍，在学科有关的各种赛事中，先后荣获了诸多荣誉。在学校领导的关心下，为进一步推进学校科学课程建设的需要，依据教育部《义务教育科学课程标准（2017年版）》和《关于深化课程改革，落实立德树人根本任务的意见》，我们以国家课程为基础，在融慧阅读、融慧课堂、融慧智造、融慧创造等多个方向进行符合本学科的课程建构，推进和实施了属于学校特点的"融慧科学"课程群建设。

第一节

崇尚真理，在多彩的世界里求实创新

一、学科性质

《义务教育科学课程标准（2017版）》特别指出，小学科学的课程是具有探究实践的、基础科学的、知识综合的。提高国家公民科学综合水平，就是提高公民的生活质量与生活环境，提高将来学习者参加国家经济发展的能力。小学科学课程应该参照国家对于学生德育的要求，来对学生进行科学综合能力的培养，也是将来学生自身的学习与可持续发展的需要。基于这种认识，我们认为，科学课程的核心价值是：小学科学课堂教育要以学生自主探究为核心，面对现今小学科学教育中提出的"小学科学课堂教育应以探究为核心"的精神指导，小学科学教育必须有一种全新的与以往不一样的学习方法，在课堂中来指导和实施。面向21世纪人才，必须紧跟与科学家一样的探究思维能力的方式对学生进行培养，科学探究的综合能力和科学探究的精神等方面，进行的科学基础教育。科学探究是指科学家在研究大千世界与自然世界，根据发现的自然世界的证据并对其进行解释说明的方式。在这样的探究基础上已经知道，学生的小学科学探究学习活动在本来的面貌中，与科学家的科学探究活动有许多相同点。可以说课堂上探究性学习既是小学生科学学习的重要目标，也是小学生科学学习的重要途径。让教师在教学中培养小学生创新学习、自主学习的学习方法。小学的科学教育的核心目标是帮助小学生在课堂教育中形成良好的科学知识素养，教会学生创新地运用所学科学知识解决遇到的各种生活实际问题。在这样的教育基础上，学校打造以"融慧科学"为平台的一系列课程，逐步引领学生逐渐提升自己的科学素养，慢慢地加深自身的科学技能，能更好地提高学生学习科学的兴趣。

二、学科课程理念

依据《义务教育科学课程标准（2017年版）》的精神，结合学校自身的资源与特点，提出我校科学学科课程为"融慧科学"。科学学科有着自身的特征，它是工具性、实践性的统一，在今后的科学实践探索中学会与同伴合作与交流。所以科学学科应该从基础性学科的范围内跳出，要对学生负责的高度，从学生建立优良品德来开展小学科学教学。基于此，我们的课程建设原则为：崇尚真理，让学生在多彩的科学世界里求实创新。激发学生积累足够的科学基础知识，感悟科学的魅力，对学生进行严谨、求实的科学教育，让学生在开放、自由、个性化的科学课堂中，培养实事求是的科学态度，全面提升科学素养。所谓"融慧科学"，即"融多学科之智慧，以探究实践为汇聚"的课程，具体而言：融慧科学即拥有中国自身历史特点而衍生出的课程。《礼记·大学》中有记载："古之欲明明德于天下者，先治其国。欲治其国者，先齐其家，欲齐其家者，先修其身。欲修其身者，先正其心。欲正其心者，先诚其意。欲诚其意者，先致其知。致知在格物。"[1] 知行合一的格物方式，中国古代先贤就提出了想要明白一个事物的根本道理，除了有能格物的能力外，必须还要有自身高尚的品德作为辅助。融慧科学即拥有引入外来知识思想的课程。科学课程是最能体现外来知识转化的课程，它既要学习基础性的科学知识，又接受了大量外来知识的洗礼，从科技革命到人工智能，从棋类人机大战到无人驾驶等前沿科技的科学学习，都是对世界万物本质的一次探索，通过一次次的实践探究，终将使学生成为更加睿智的科学少年。"融慧科学"即拥有家国情怀的课程。落后就要挨打，"师夷长技以制夷"，近代中国科学技术的落后与国人的愚昧，所带来的灾难与他国的侵略，为中国带来了巨大的伤痛。家国情怀是每一位学生都必须具备的良好品质和个人情操。科学课程则是一扇窗户，既能打开和激发学生对古今中外知识的学习与包容的知识之窗，又能在个人品德上培养出学生对国家的认同感和自豪感的情感之窗，使学生树立起正确的社会主义核心价值观。总之，"融

---

[1] 于述胜，王文修."格物致知"（《礼记·大学》）[J]. 中国教师，2015（07）：52—57.

慧科学"凝聚着对世界万物的无尽追求，折射着平常生活中存在的科学本真，承载着对中华民族的责任，社会的关注，世间万物本质的思索。融慧科学以水泽万物的方式培育学生的科学历史情怀，实践创新精神，家国富强情怀，进而融慧学生的头脑，使学生成为一名真正有崇高理想的学习者。

第二节

自主探究，实现进阶式科学探究目标

根据《义务教育科学课程标准（2017 版）》，强调了培养学生的科学综合能力的小学科学课程，为学习者将来在学业延续上，也是为学习者打下终身学习与发展的良好底蕴而努力的目标。通过学习小学科学的不同年龄段的课程，培养用科学性的词汇和语言与他人交流与沟通的能力目标；形成能够具有尊重事实、能够低下身子去乐于探究、平等对待与他人合作的科学态度目标；具有严谨与活跃的创新意识、严肃与认真的社会责任感和保护自然环境的意识目标。

一、学科课程总体目标

了解物质的基本性质和运动的基本形式，生物的主要特征，以及生物与环境的相互作用。了解太阳系和一些星座，地球的面貌以及运动，知道地球是人类应该珍惜的家园。了解科学探究获得科学知识的主要途径是通过各种方法寻求证据，运用创造性思维和逻辑推理解决问题。能够长期保持对自然现象的好奇心和能自身探索的热情，有主观意愿去参与一系列的科学体验活动，在这样的活动中能够克服不同的困难，达成为自己的研究设定的任务标准；能够列举出不同的证据和依据事实进行的推理，来表达和阐述自己观点的初步意识；有意愿虚心听取不同个体与团队的与自己不一样的意见，不能够对权威感觉怯懦，在依据事实的基础上大胆去进行质疑；依照真实的依据和借鉴别人的优秀意见，能够勇敢地对自己的观点进行剖析与完善。能够知道在日常生活中科学知识的一般应用；能够知道对自然环境会发生变化的哪些人类的活动、日常生活的影响;能够知道人类自身与社会总体需求是可以推动科学技术发展的源泉。在人类社会不断的在科学技术的研究和应用中,必须考虑人类共同体的整体道德的价值取向。

二、学科课程年级目标

小学义务教育阶段科学学科分成1—6六个学段来学习。年级目标设置如下(见表2-1)。

表2-1 合肥市华府骏苑小学"融慧科学"课程年级目标

年级	学段	单元名称	基础目标	融慧课程目标	
一年级	上学期	1. 植物 2. 比较与测量	1. 初步了解植物的主要组成部分以及主要生命活动。2. 测量、描述物体的特征与材料的性质;	融慧阅读	通过阅读认识周边常见的植物。
				融慧实践	在老师的指导下,能从具体现象与事物的观察中发现规律。
	下学期	1. 我们周围的物体 2. 动物	1. 能够辨别生活中常见的物体。2. 初步了解动物的主要组成部分以及主要生命活动。	融慧阅读	通过阅读认识周边常见的动物。
				融慧实践	通过观察探究辨别生活中常见的材料。
二年级	上学期	1. 我们的地球家园 2. 材料	1. 知道地球与月、日之间的运动特征,知道与这些星体中有关的一些现象是有规律可以研究的。了解地球资源的基本状况及自然灾害的发生。2. 辨别生活中常见的材料。	融慧阅读	从已有知识中提出合理假设并制定简单的探究计划。
				融慧实践	乐于尝试运用不同种的材料、创新型的思路完成科学探究并体会其中的乐趣。
	下学期	1. 磁铁 2. 我们自己	1. 知道磁极、磁性两个方面的科学知识,顺应学生的年龄特色,能够组织学生运用之前生活中的零散的已有的生活经验,在将要进行的动手探究和思考中构成对磁铁较为全面的认识。2. 让学生初步了解自己身体部分内部器官与外部结构,以及身体构造的共同特征与不同之处。	融慧阅读	了解常见的工具并学会利用工具完成常见的简单任务。
				融慧实践	能够明确自己可以设计活动步骤,可以单独或者团队合作完成相关探究任务。

续 表

年级	学段	单元名称	基础目标	融慧课程目标	
三年级	上学期	1. 水 2. 空气 3. 天气	1. 可以让学生知道周围常见事物的相关简易科学知识，能够将知识应用在解决日常生活的问题中，慢慢养成正确而有效的科学行为和习惯。2. 初步让学生了解科学课程探究的方法与过程，在这基础上培养学生的动手能力与观察实际事物的能力。3. 培养学生对外部世界的好奇与学习的欲望，养成大胆假设、小心求证，可以根据现象求得证据，能够解释事物的本质，养成热爱家乡、热爱祖国的真挚情感。	融慧课堂	了解常见的工具并学会利用工具完成常见的简单任务。
				融慧七巧板	能够知道在解决生活中实际问题的时候，对于工具的选择使用能够分得更加的清楚方便和快捷。 能够看明白探究步骤说明，能依据说明完成简单任务。
	下学期	1. 物体的运动 2. 动物的一生 3. 太阳、地球和月球	1. 明晰整个单元间的核心的概念和全部具体的概念，并可以通过围绕核心与具体概念，在此基础上建立目标。2. 在分层与分任务的教学活动中，让学习者更具有探究的欲望。使用了大量的不同的图表，来让学生更加的清楚任务的要求。3. 学生可以利用现有的科学信息，在利用与转化证据方面可以增加崭新的手段，可以有效的让学生对所学知识的理解和课程中的评价。	融慧课堂	描述物体运动，认识力的作用，了解不同形式的能量；知道动植物的生命周期，知道人工世界是设计和制造出来的。
				融慧七巧板	可以简单描述常见的动植物和物质的基本特征，对生活中的科学现象进行有效的探究。
四年级	上学期	1. 溶解 2. 声音 3. 身体结构	1. 从初步观察探究现象开始，到建立起相关的一般概念结论。2. 从不同物体的运动方式与声音的产生相联系，到用来描述声音及耳的功能等建立相关概念。当学生开始注意自身的结构、各器官的功能时，对身体的健康便会有全新的认知。	融慧课堂	认识人体的主要生命活动和人体健康，生物的多样性；知道声音的运动特征；
				融慧七巧板	能大胆质疑，不迷信权威，从不同的角度提出问题，采用新的方法，新的材料进行活动。

续表

年级	学段	单元名称	基础目标	融慧课程目标	
	下学期	1. 新的生命 2. 电 3. 认识岩石	1. 通过花、果实和种子的观察学习过渡到动物的卵与繁殖的关系的观察和探究，从而使学生明了新生命是如何产生的。2. 通过与电相关内容的探究活动，使学生能够形成电的初步知识，也能获得一些基本探究技能。3. 通过对不同岩石的观察和分类，使学生形成地球内外部物质的基本概念。	融慧课堂	能够看到人类与自然资源密切的关联，知道地球是我们所有人的共同家园，应该珍惜自己的家。
				融慧七巧板	能大胆质疑，不迷信权威，从不同的角度提出问题，采用新的方法，新的材料进行活动。
五年级	上学期	1. 生物与环境 2. 光 3. 地球表面及其变化 4. 运动和力	1. 通过培养学生积极的科学创新思维方法，让学生亲身参与到科学探究的整个过程中，可以增加学生的学习乐趣。2. 使学生养成能够有亲近生命关心爱护生命的意愿。3. 可以让学生接受部分较长时间的探究活动，能够用简单的方式对自己观察到的现象进行真实的记录。能够学会处理数据得出有效结论。	融慧创造	了解并意识到人类对产品不断改进用以适应自己不断增加的需求。
	下学期	1. 沉和浮 2. 热 3. 时间的测量 4. 地球的运动	1. 学生在一系列的探究活动中探寻物体的相关规律，研究影响此规律的变化，最后形成概念。2. 学生制作工具并使用，了解人类在对观察对象的认识发展过程。3. 学生在以前的学习中，继续观察探究规律的变化，发现物体间的性能是不同的。	融慧创造	能够通过所学的基础知识，从身边的需求中改进生活中的物品，能够提出自己的创新建议和解决的思路。
六年级	上学期	1. 工具和机械 2. 形状与结构 3. 能量 4. 生物多样性	1. 通过学生的学习，能够简单的了解机械的基础原理，以及在日常生活中的实际用途。在课堂的探究活动中能够让学生初步掌握部分类型的机械和工具的用途。2. 了解不同时期的建筑群落中的结构特点，从实验材料的选用到实验设计的完善都培养学	融慧创造	能够通过所学的基础知识，可以对身边的事物提出自己不同的看法与探究对象的改进思路，发展自己的创新思维。

续 表

年级	学段	单元名称	基础目标	融慧课程目标
			生的综合能力。3. 让学生知道水的变化、电能的产生，太阳的能量与它们之间的相互联系，明白地球上能量的真正来源。4. 初步了解生物的种类是多样的。初步知道生物体形态结构的差异都是与自身的生活环境相适应的。	
	下学期	1. 微小世界 2. 物质的变化 3. 宇宙 4. 环境和我们	1. 引导学生通过不同的观察方法以及不同的观察工具的使用过程，了解人类使用观察工具的不同历程，让人类在不断探索微观世界的认知中得到提升。2. 学生将通过不同层次、不同方式的探究，观察和认识物质的相关变化。3. 学生将在视觉感知的基础上，能认识到宇宙是运动变化着的系统，不同宇宙空间都有各自的星体和奥秘。4. 学生通过探究垃圾处理方式的知识运用，可以了解垃圾的来源，垃圾及其污水产生的方式等，能够真实感受到环境的问题严重性。	融慧创造	能够通过所学的基础知识，通过学校周边的自然环境资源，在不破坏环境的前提下，提出自己的不同观点。能够在改变思路的情况下，发展创新思维。

第三节

激发想象，具有丰富的动手能力经验

基于我校科学学科"用科学的魅力融慧学生的头脑"的理念，设置了我校科学学科的课程结构。合肥市华府骏苑小学科学课程分为目标型课程和提高拓展型课程，目标型课程主要培养学生在将来自身发展的需求和适应未来社会共同需求的基础；提高拓展型课程主要满足于学生个人能力不同性的学习，积极培养学生的潜力与动手能力。

一、学科课程结构

学校学科课程结构遵循学校历史文化资源与学校课程理念以及科学学科课程理念，以国家课程为基础，在融慧阅读、融慧课堂、融慧实践、融慧七巧板、融慧创造、融慧科学节六个方向进行课程构建，从而形成科学学科"融慧科学"课程群。

（一）融慧阅读

科普读物的内容可以表达自己的体会，可以简单地提出自己的观点，并且可以采用合作的方式，共同分析、讨论、解决难题的能力。在阅读科学读物的同时，有自己的感悟，对作品的用途有一定了解，可以从中得到一些启发。

（二）融慧课堂

培养每个学生的科学素养，培养他们的学习科学基础。通过科学课的教育，使学生保持和发展对周围世界的好奇心和探索的激情，使学生体验探索的基本过程。培养良好的观察习惯，用科学的专业词汇与别人进行交流和沟通的能力。

（三）融慧实践

培养学生多角度地观察身边的事物，发现周围存在的科学事实，能抓住事物本身的特征，在探究中有自己的感受和认识，发现科学真理的同时，能树立自己的科学态度与科学方法，提升自身的科学素养。

（四）融慧七巧板

在活动中，让学生通过自己的动手操作，学会科学操作技能，确立科学探究计划。在活动结论的分享上，注意使他人和学生的团结合作，善于让学生倾听他人的意见和建议。

（五）融慧创造

通过以上能力的培养，让学生具有一定的科学探究和科学动手能力，可以胜任大部分符合其年龄段的动手操作。在发现身边存在的实际问题的时候，除了能够提出问题，还可以通过团队合作，解决实际问题。

（六）融慧科学节

在科学节的活动中让学生的创新思维和动手能力得到更多的提高，充分发挥学生的潜在能力，认真推动校园科技动手做活动的蓬勃开展，让学生在活动中充分体验运用科学知识的乐趣，学校整体科学素养得到提升。学科课程结构图设置如下（见图2-1）。

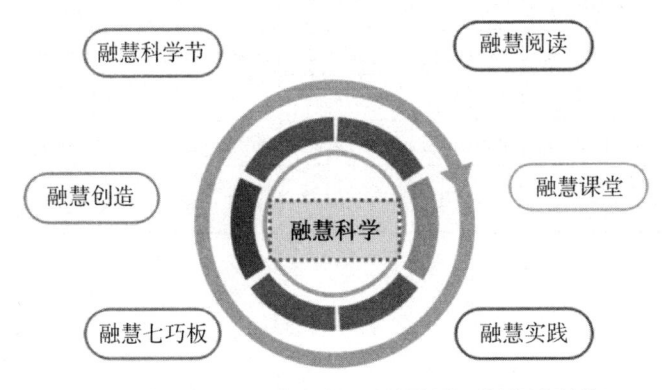

图2-1 合肥市华府骏苑小学"融慧科学"学科课程结构图

二、学科课程设置

"融慧科学"课程是基于学校"多彩课程"的教育理念，结合科学探究能力进行联系，针对在校学生实际情况量身打造的课程。所有课程依据各年级学生的学情，由浅入深、由易到难，由单一到综合、由简单到复杂，贯穿小学1—6年级的三个学段，根据不同学段的科学等学科知识储备和学生需求编制不同的内容，由各年级段的任课老师组织实施。具体课程设置如下（见表2-2）。

表2-2 合肥市华府骏苑小学"融慧科学"课程设置

学段	学期	融慧阅读	融慧课堂	融慧实践	融慧七巧板	融慧创造	融慧科学节
一年级	上学期	我的第一本科学漫画书	观察植物	走入匡河	认识天气	巧手涂绘	科普碰碰车 科学小舞台 科创竞技场 科学嘉年华
一年级	下学期	小牛顿科学馆	观察动物	匡河的水	天气与植物	观察绘制	
二年级	上学期	昆虫记手绘本	植物与水	匡河的土壤	认识温度	乐高搭建	
二年级	下学期	我是霸王龙	动物的食物	匡河的水	温度与植物	拼搭模型	
三年级	上学期	昆虫记	物体运动	匡河的植物	光合作用	光合作用模型	
三年级	下学期	四季时钟系列	不同的云	匡河小动物	昆虫的构造	昆虫模型	
四年级	上学期	让孩子着迷的77×2个科技游戏	力的认识	探索匡河	搭建匡河	水系城市研究	
四年级	下学期	西顿野生动物故事集	生活巧力	探索匡河	匡河的植被	缺水城市研究	
五年级	上学期	人体探秘	骨骼与营养	匡河攻略	我是小导游	完善匡河	
五年级	下学期	趣味地理	合肥游记	认识海卉	海卉景图	海卉景图	
六年级	上学期	时间简史	月相星空	海卉攻略	我是小导游	居民环境	
六年级	下学期	科学王国里的故事	认识宇宙	宇宙漫游	我是小导游	海卉意趣	

第四节

合作互助，学会探究科学奥秘与方法

"融慧科学"课程整合校内外教育资源，借鉴了大学院校的必修与选修的做法，其中必修课以融入课堂式实施，选修课主要以社团形式实施。科学学科通过融慧阅读、融慧课堂、融慧实践、融慧七巧板、融慧创造、融慧科学节六个方面推进课程实施。根据学情，由浅入深，分年级、分学年实施。

一、构建融慧阅读，奠定科学基础

科学教育的探究性是一个古老而又新兴的话题，如果说科学课堂离开探究，科学教育就失去了自身的特点。为了加强学生自身的已有经验，我们提出了融慧阅读的概念。

（一）融慧阅读的内容和实施

1.融慧阅读的内容。融慧阅读是目标切实、内容广阔、过程灵活、注重实效的阅读课。融慧阅读的目标就是在学习过程中起着非常重要的作用。只有明确、具体、实用的阅读目标，学生才能高效地开展阅读学习。总之，学习目标必须能让学生经过一系列的学习活动达到可量化的效果。内容广阔。世界有多么广阔，科学就有多么广阔，因其学科特殊性，科学学科可利用资源非常丰富，古今中外，比比皆是。

2.融慧阅读的实施。利用科学课，带领学生到图书馆借阅科学学科的相关图书，使得他们在阅读中感受学习的乐趣，在探索中体验知识的魅力，通过阅读课程启迪智慧、滋养心灵。学生根据自己的爱好挑选与生物相关的书目，如《小牛顿》《火山知识》等，在规定的时间内完成阅读，并按照要求写读后感。小组内开展交流，选出优秀作品参加学校的读书分享会。

（二）融慧阅读的评价方式。

评价主要从学生收集分析信息的能力、小组合作交流的能力及探索新知的能力等多方面进行。评价方式采用小组内书写读后感并互评的方式，每组评出一名优胜者参加读书分享会，邀请校领导和学科教师作为评委，评出一等奖、二等奖和优秀奖。读后感评价表设置如下（见表2-3）。

表2-3 合肥市华府骏苑小学融慧阅读评价量表

选读内容题目		
班级		姓名
评价项目	评价标准	评级结果
字体书写	语言通顺，字体规范（20分）	
故事内容	清楚、完整，可简练概况主要内容（25分）	
文章结构	结构清楚，读与感的结合点明确（25分）	
观点阐释	中心明确，能真实表达自己的感受（30分）	
总评		

二、坚持融慧课堂，推动魅力教学

如何提高小学生的科学综合能力是现今科学课堂的重要目的。科学课堂是使学生的科学综合能力和科学探究思维方式不断提高的重要场所。巧妙的介绍可以吸引学生的注意力，学生好奇心开始不断成长的同时，让自身对于学习进一步提高有了更大的主动性，将学生的实际认知和教学内容进行有效衔接，也有利于教师教学活动的开展，使教学效果更加显著。

（一）融慧课堂的内容和实施

1. 融慧课堂的内容。小学生天然就对一切事物具有非常强烈的好奇心，本身也具有非常强的模仿能力，思维方式以形象思维为主，没有能够突显学生的创造力。在课堂的教学中，通过不同的手段让学生自主学习，更加有利于学生在学习中对重点与难点的掌握。显现出材料的规律，能够将学生的注意力吸引过来，使简单枯燥的课堂教学的内容可以转化为有趣的生动的科学探究活动，营造生动的教学环境。科学教科书中有一些著名的科学实例和发现，这些科学家的发现以讲故事的方式被引入新课。能够使学生受到强烈的情感熏陶，仿佛和科学家一样经历了发明创造历程，去学习和体会科学家的思维方法和探究方法。

2. 融慧课堂的实施。构建融慧课堂，让科学课堂变得更加丰富，由只重视传授知识的方式向注重学生能力的方面转变，这样的改变需要多方面的努力。具体来说：开展组内集体备课，推进校本教研。学科组长带领学科教师定期进行科学阅读方面的备课活动，集合众人之力，推进教研的开展。在课堂上，充分利用各方面资源，始终以"融慧科学"课堂为核心，开展不同形式、不同主题、不同目的的拓展科学课，在不断的打磨中，反思中提升课堂品质。创新课堂形式，领悟科学本真。研发符合学校特点的校本阅读教材，拓宽学生视野。注重潜移默化，引领价值观导向。

（二）融慧课堂的评价方式

根据融慧课堂的内涵特点，学校科学组老师从科学课堂教学目标的不同方面，制定了这些评价量表，促进教师专业化的发展，引领课堂发展方向。评价表设置如下（见表2-4）。

表2-4　合肥市华府骏苑小学融慧课堂评价量表

评价项目	评价内容	得分
目标切实 （25分）	1. 学习目标基于学科素养和课程标准。 2. 在学习目标的基础上形成清晰的任务单。	
内容广阔 （25分）	1. 学习内容注重情境化、生活化，引导学生合理使用教材。 2. 通过学科融合，帮助学生构建课堂学习体系。	
过程灵活 （25分）	1. 突出学生的主体地位。 2. 从关注师"教"到学生自己的"学"。	
注重实效 （25分）	1. 通过课堂学习，学生能够掌握相关的科学知识。 2. 通过课堂，提升学生的科学探究能力。	

三、打造融慧实践，走进美丽匡河

匡河，早先是合肥市郊区的一条小水渠，为了建设美丽的合肥市，政务区疏通挖掘成了一条美丽的人工河，匡河东起滨湖区西至政务区的天鹅湖，贯穿大半个合肥，绿水青植环绕在河岸的两侧，犹如珍珠彩带环绕其间。这里动植物种类繁多，有着大量自然学习资源。

（一）融慧实践的内容与实施

1. 融慧实践的内容。打造融慧实践，走进美丽匡河，一直是我们追求的方向。在学科组成员的努力下，根据匡河所提供的丰富资源，同时考虑到每个年龄段孩子的知识结构和年龄特点，对于每个年级的学生设定了不同特色的课程，组织形式和活动方式也多种多样，各有特色，让学生在感受美丽匡河的同时探究科学的奥秘。

2. 融慧实践的实施。1—2年级：走入匡河，低年级的学生对于事物特征的认识还停留在表面，他们在活动中主要以对动植物的认识、记录、简单分类为主，同时可以进行一些简单的测量和制作，对实验数据作简单的处理。3—4年级：探索匡河，中年级的学生无论是学习的组织性，还是认知过程的严谨性都有了明显增强，对于匡河的研究减小宽度，加大深度，通过观察、探索、记录不同生物的生活习性，以及动植物的外形特点。5—6年级：匡河攻略，高年级学生的学习系统性较强，并且思维能力也有了明显发展，因此，在匡河课程中，要发挥他们的主观能动性，通过对于匡河的调查以及各方面资料的收集，学生写一篇以匡河为主题的科学小论文。

（二）融慧实践的评价方式

一个好的课程实施，必须有一套系统的评价方案与之相配合，这样才能使其发挥到最好的作用。具体评价标准如下：

"摘星小能手"

积极参加活动：一颗星

遵守活动纪律：一颗星

活动目标明确：一颗星

活动记录完整：一颗星

成果作品创新：一颗星

每次活动最多可以摘得五颗星，课程结束后，根据摘得的星星数量划分等级。

四、践行融慧七巧板，锻炼动手能力

手工制作和STEAM活动的开展，作为科学课堂教育的外延，发挥着重要的作用。不仅能锻炼学生的动手能力，而且能发挥学生的个性风采。

（一）融慧七巧板的内容与实施

1. 融慧七巧板的内容。手工、绘画、剪纸、织线、剪贴等不同的教学方法，充分发挥孩子们的想象力，养成他们的创造能力和动手操作能力，无论对孩子的成长，还是学习，都有很大的帮助，让孩子们在自主学习的过程中感受到快乐。我们使用的工具和材料是我们生活中比较熟悉的对象，很容易收集，增强了他们的环保和爱劳动的意识。学生们在观摩和制作的过程中，不仅能掌握事物的共通性，而且还可以融汇自己的个性想法，开阔了视野，使他们学会各种工具的使用，锻炼了他们克服困难的耐心和坚强的意志。

2. 融慧七巧板的实施方法。一学期制作 7—8 种手工制作，大约三节课一个作品。教学内容课题分别有废塑料瓶工艺制作、废易拉罐工艺制作、布艺制作和纸的世界。有很多不同的材料和方法来制作它们。叶子，盒子，一块布和一张彩纸可以在学生的手指上制作。学生可以在这样的环境中随意地创作，充分激发了学生的创作热情。教学中强调多个步骤，头脑风暴式想象中提出的不同问题，就是要让学生在这些问题中找到可以作为主题的内容。组内学生手工制作作品，记录问题，并在作品完成后预估作品能否使用。评估和推广。小组中的学生展示他们的作品，解释作品的原理和特点，并分享制作过程中遇到的挑战和应对措施。

（二）融慧七巧板活动评价方式

1. 学生自评：能够让学生更加客观清楚地对自己在活动中的能力加以评价。

2. 学生互评：在学生之间的不断交流中，思维的碰撞中，不断地加强学生之间的评价内容。

3. 老师与家长的评价：教师和家长对学生的评价应该以鼓励为主，找出问题的评价与肯定激励的评价要相结合，能够关注到学生在学习以外的评价内容。融慧七巧板的教学的正确评价方法，目标应该是能够将学生的能力平均进行分配。具体评价方式设置如下（见表 2-5）。

表2-5 合肥市华府骏苑小学"融慧七巧板"评价量表

评价内容	具体描述
知识评价 （30分）	1. 提出并回答关于项目的问题。 2. 确定相同或不同的知识，并将事物进行分类。 3. 按照课程知识推进活动任务。 4. 识别和使用简单的方法来记录信息。
技术能力 （30分）	1. 设计模型。 2. 细心观察活动中的现象并对此进行描述。 3. 展示信息和活动的顺序时，能够分别看到整体和部分。 4. 能够学会演示和建模。
综合能力 （40分）	1. 通过相对应的不同的形式来验证自己的观点。 2. 不断加强学生间的分享和合作的能力。 3. 在能够完成所有活动的过程中，遇到问题应学会敢于求助。 4. 可以提出活动任务中可能会出现的问题，能说出自己的意见。

五、进行融慧创造，从创造中体验自我成就感

通过以上能力的培养，学生具有了一定的科学探究和科学动手能力。在发现身边存在的实际问题的时候，除了能够提出问题，还可以通过团队合作解决实际问题，孩子们也会在融慧创造课堂上接触到学科上面的知识，像简单机械、几何、物理、数学、语文和机器人编程等。

（一）融慧创造的内容与实施

1. 融慧创造的内容。融慧创造可以通过运用搭建的模型和乐高教具的使用，实现对孩子思维能力、动手能力的培养。乐高搭建的完成，不是教学目的。在乐高搭建的过程中，孩子们会遇到各种问题。这些问题都要靠孩子来解决，无形中提高了孩子的逻辑思维能力、抗挫折、自我探索和解决问题的能力。此外乐高学习过程上既自己搭建又有同伴合作课，大大提升孩子的合作力。创客教育是创客文化与教育的结合，也是融慧创造的一部分，基于学生兴趣，优质教育，使用基于项目的学习，数字工具，促进创造力，鼓励共享，并促进跨学科解决问题，团队合作和创新。学校以此为理念，开设了小创客1和小创客2两个社团。

2. 融慧创造的实施方法。动物与环境系列的活动，通过建立各种动物以及所处环境的模型，激发孩子们对动物世界的兴趣和好奇心。通过自己组装机器和车辆，使得学生的动手能力得到提高。通过开源硬件可以让学生设计出不同的装置，特别是通过模块化编程，大大降低了学习编程的难度。学校的创客俱

乐部经历了创客俱乐部成立、开设实验班、搭建创客空间、大班教学创客、创客理念下的学科整合等过程。创客社团主要侧重教授当今时下比较前沿的科学基础知识，如3D建模、智能小车、面包板电路装配、激光切割等知识，在浅显易懂的范围内让学生能够发挥出自己的创新思维与创造能力。

（二）融慧创造的评价方式设置如下：（见表2-6）

表2-6　合肥市华府骏苑小学"融慧创造"搭建项目评价方向与标准表

评价方向	评价指标
语言表达（25分）	1. 能够流利地表达 2. 能够准确地表达 3. 能够完整地表达
团队合作（25分）	1. 工作积极主动 2. 团结、友善 3. 分工合理
实验设计（25分）	1. 数据表格高效 2. 数据表格合理 3. 数据有用
程序功能（25分）	1. 程序高效完成任务 2. 程序能较好完成任务 3. 程序能基本完成任务

在对创客项目进行打分的时候，可以采用定性和定量评估方法表设置如下（见表2-7）。

表2-7　合肥市华府骏苑小学"融慧创造"创客项目定性和定量评估方法表

评价方法	内容参考
展示工作和作品（25分）	对工作和作品进行展示时，学生必须要阐述清楚，实现最终结果的过程中所经历的思考过程。在这个过程中，学生不但会表现出他们的热情，同时也会向同伴们分享科学知识。
档案袋及工具箱（25分）	档案袋中存放学生的作品、创客过程中的照片和项目饰品
思考过程（25分）	1. 学生对待这个问题是怎么认为的？ 2. 学生是如何排除困难解决这个问题的？ 3. 假如他们需要离开教室出去探究时，他们的调查能力在什么水平？ 4. 当他们全身心投入创作的时候，他们的创造性如何？
团队协同工作的能力（25分）	对合作效果比较突出的小组和同学予以加分

六、开展融慧科学节，漫游科学世界

融慧科学节的核心目标就是给孩子带来快乐，在全校的活动中体验课堂内没有的科学经验，积极推进校园科技活动的发展，让学生在活动中充分感受学习科学的快乐，从而让学生可以形成浓厚的科学氛围，他们的能力和科学素养都能得到有效提高。

（一）融慧科学节课程的内容与实施

1. 科普碰碰车：围绕"环保我在行"的主题，开展环保电影宣传教育活动，请同学们通过查找资料、观看电影，了解地球环境遭到破坏的严重性，意识到环境保护的重要性，能够写出观影感受，画出心中的美好家园；能切实行动起来，争做环保小卫士。

2. 科学小舞台：科学小舞台是同学们展示自己的舞台。在活动时，同学们要通过自己的想象和创作，自己定一个与环保有关的小主题，展示自己的想象空间，要注重自己作品的实际效果，突出自己的个性特色。

3. 科创竞技场：提出让学生巧妙地利用自己的创新思维，创造地使用生活中废弃的无毒垃圾进行改装，成为自己独特的唯一的装置模型，由全校师生一起选出最佳精品在全校进行展示。在这样的活动中能够培养学生爱动脑爱创造的好习惯，对学生的个性化发展也有帮助，同时也是一次有益的环保行动。

4. 科学嘉年华：围绕着环保的话题，在科技节现场，同学们的着装要有变废为宝的因素存在，选择一种废品材料做成服装或者配饰戴在身上。让同学们把平时生活中观察到的与环保节约有关的现象拍成小视频，选取优秀的内容做成一个视频集锦供全校观看，让同学们意识到环保其实就在身边。通过参观无人机的现场展示、3D打印过程、科普大篷车、乐高机器人等高科技产品，一起感受科技的神奇魅力。再通过观看每个班级选送的科技作品展示活动，让同学们一起分享和交流。如果擅长玩魔方的同学可以参加我们的小擂主魔方挑战赛，本次挑战赛只用最普通形状的魔方，每个班报名四人，由两名老师做评委，还原魔方用时最短的同学就是最后的胜利者。

（二）融慧科学节课程的评价方式

活动摘星：

自评：　☆☆☆☆☆

师评：☆☆☆☆☆

综上所述，合肥市华府骏苑小学"融慧科学"课程是以学生为本，充分考虑学生的年龄特征以及学生不同个性的发展，以学校周边的自然资源与人文资源为依托，将资源与课程相融合，使每一个在校学生都能成为不同的一道光，让所有的在校学生都能够体验到科学实地探究的快乐。

（撰稿者：仇明明　郭月婵　毛然然）

第三章

进阶式探究课程的结构

进阶式探究课程的结构是从提出问题到分析问题直至解决问题的完整结构体系。从儿童的真实起点出发，让科学的学习真实地发生在儿童的身上，自由表达，自然体验，自在分享，让每一个儿童在原有的基础和能力上赢得进步，让每一个儿童有机会做最好的自己。在进阶式探究课程结构中建构学生的科学概念、提升学生的探究能力、培养学生的科学态度和科学精神，达成多维度螺旋上升体系。

学习进阶，也叫做学习的进程，是近些年美国教育改革中倡导的新概念。它是对在各个年龄段学习的学生，学习同一概念时所遵循的连贯的、典型的学习方式和途径的描述。一般表现为围绕相关中心概念展开的一系列由易到难，相互联系的概念序列。也就是学生对新的事物和新的概念的掌握要有一个从了解到熟练的循序渐进的过程，以及学生在这个过程中所产生的学习感受，从而形成固定的学习手段和方法。教师在学生学习进阶时的引导作用非常重要。教师在教学方法和教学技巧的选择以及教学模式的应用上，都要尽量地保护和充分地挖掘学生的自主学习需求和学习潜力。在进阶式小学科学课程结构中，义务教育阶段小学《科学》和初中阶段《物理》《化学》在教材的衔接上以及内容和结构呈现上出现了一些断层，使得学生对一个新知识概念刚有了一个大体了解，开始感兴趣的时候往往就浅尝辄止，使得学生在自身的知识建构和进阶上发生了脱节的现象。这也让学生的学习兴趣和学习积极性受到不同程度的挫败和影响。小学科学是一门较为特殊的学科，是学生形成正确的世界观、人生观、价值观的基础性的学科，也是一门注重培养实践操作，注重培养学生创新思维和科学思维的探究性学科。学习进阶的应用在这门学科中是最广泛最重要的。由于不同阶段的学生知识储备不同，对于新概念新知识的认知和掌握有一定的差别，如何让不同水平的学生在现有的阶段提高自身的知识储备是教学过程中的关键问题，而能解决这一问题的就是教师，教师运用什么样的教学方法，采取怎样的教学模式，创设怎样的教学氛围，如何应对分层教学决定了学生的进阶学习效果。这就需要教师用学习进阶的方法，引导学生学习。

　　我校依据国家课程标准分为基础课程和拓展课程，具体分为了解走进科学、综合实践、科学与生活。基础性课程主要培养学生的基础知识和基本技能以及对科学学科的初步了解。拓展性课程主要培养学生的实践动手能力。通过实验探究认识到科学与生活的联系，激发学生对科学探究的兴趣。为了使课程的普及性更强，符合学生学习进阶的规律，我校除了拓展课程之外，更加重视基础性课程的改革和有效的衔接，避免出现概念和知识在认知时间上的断层现象，通过平时科学课奉行"乐玩"理念，"乐玩"科学课堂是在我校活力课堂的基础上建立的科学课堂。"乐玩"科学课堂坚持以趣为本，即以学生活动为中心。在科学课堂中，老师充分考虑学生的兴趣点，使每个学生都参与到探究活动中，充分发挥学生在课堂学习和课程活动中的主体地位。从而全面提升学生的科学质疑能力、活动方案设计能力、观察实践能力以及合作探究能力。坚持以学生进阶式学习为先导，以课例为载体，重点关注孩子对待科学的学习兴趣，倡导自主、探究、合作的学习方式，积极开展与乡土资源相结合的生态课程，多角度探索互联网学习与科学课堂教学相结合的模式。以二十四节气活动、科技小论文、科学实验、科技职业体验、科技节、科技小发明等活动为项目载体，对学生进行多方位多角度的综合性评价。让科学的学习真实地发生在学生的身上，自由表达，自然体验，自在分享。

（撰稿者：陈将军）

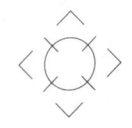

合肥市蜀山小学科学组，现有教师5人，其中合肥市骨干教师2人。科学教研组认真开展教研组活动和学生科技活动，积极参加省、市、区级组织的各类教科研活动，在教科研方面取得了不少成果。科学教研组积极开展教学研究，我校先后斩获2012年度全国青少年科学影像节优秀组织单位、合肥市科普示范单位、蜀山区首批科普师范学校。由四位科技辅导员辅导的学生获得市长奖表彰两次，区长奖表彰三次。科普教育为我校赢得了良好的办学声誉，也更加坚定了学校大力开展科普教育的信心和决心。我们依据《义务教育科学课程标准（2017版）》，推进"乐玩科学"课程群建设。

第一节

以乐为先，寻觅快乐体验的创意之路

小学科学的重要意义如今已开始凸显，小学的科学教学内容和范畴所涵盖到初中的生物、物理、化学、地理等学科知识，同时，由于学科的内容接近学生的生活，学生对很多科学知识充满好奇，学习科学对于小学的学生来说，是开心和快乐的，我校以"乐"为先，在科学学科的课堂教学过程中，充分重视教学的趣味性和学生学习科学知识和科学技能中的快乐体验，从而调动学生对于学习科学的热情，是培养学生科学创新能力的重要措施和方法。

一、学科性质

立足小学学生身心发展特点，依据《义务教育科学课程标准（2017）版》文件精神，并结合我校科学学科实际情况，我们提出乐玩科学为科学学科理念。[1]

——乐玩科学坚持以乐为先。激发兴趣，以快乐兴趣引导，激发创意。

——乐玩科学坚持以玩为形。重视学生的体验，在玩中学，学中玩，寓教于乐。

——乐玩科学坚持以创为要。尊重孩子的创意，重视创新和革新理念。

---

[1] 中华人民共和国教育部. 义务教育小学科学课程标准（2017年版）[S]. 北京：北京师范大学出版社，2017：1—2.

二、学科课程理念

乐玩科学坚持以乐为先——小学学生由于自身年龄和认知特点，对于相对枯燥而又无趣的知识往往提不起兴趣，更难深入地去理解，趣味性的教学内容和富有童趣的教学形式，可以让孩子从传统课堂的乏味无趣中解放天性，从根本上让学生对科学课堂产生兴趣，从而自主、积极学习。

1. 调动学生学习兴趣。在很多小学科学实验过程中，传统科学教学方法对于小学生，尤其是低年段的学生来说，相对比较难理解，特别是相对枯燥乏味的科学知识和实验，学生往往提不起兴趣。趣味性教学方法正是让学生在学习科学知识和科学实践中体验其中的快乐，以学生自主想学、乐学的思维方式促进学生的学习内在情绪。

2. 活跃课堂氛围。毋庸置疑，一堂具有和谐、活跃的课堂气氛的科学课对于学生来说，是提高学习效率保障学习效果的有力措施，学生的兴趣往往在这样的情境中被激发出来。那么要创设这样的和谐而又活跃的课堂氛围老师是关键的一环，怎样创设情境，如何导入课题，怎样突破重难点等环节的设计都由老师来设计完成。相对活跃而又轻松的课堂氛围能够让学生在学习过程中以自主、自发的形式进行，学生在科学学习过程所体验到的是开心的、快乐的、有趣的同时也有通过学习到新知识新能力而产生的成就感和满足感。

3. 促进教学创新。科学的教学其中一项最重要的环节就是创新，没有创新科学将失去它原本的价值和意义，从而提升科学课堂的趣味性，增加学生的感官体验和情境体验，将给予孩子无限的想象空间和创意思维。

乐玩科学坚持以玩为形——在玩中学，学中玩，寓教于乐。小学学生相对于初、高中学生年龄小的原因，一般都爱玩，自我约束能力差。当然，玩是这个阶段学生的天性。面对枯燥乏味的课堂教学和科学知识，小学生们往往提不起多大的兴趣，大部分教师对此也是无可奈何，长期以往，自然而然地就使得学生的科学学习效果不好。在这种情况下，我校提出"玩中学，学中玩"从而起到一个良好的教学效果，特别是对于小学阶段低年龄的学生能够起到更加良好的效果。以"玩"为形，就是在教学过程中让学生在看似玩的活动教学中学习到知识和能力，让孩子更加热爱科学，喜欢科学。

"乐玩科学"坚持以创为要——纵观如今的大部分的小学科学教学中，

很多的课堂形式就是老师更注重科学知识和内容本身的传授，从而忽略了学生的科学思维的培养和发展，以及对学生的世界观和科学态度的培养。孩子们往往都是被动接受科学知识，很少质疑和创新，因此，我们提出乐玩科学以创为要，就是让创新理念成为我校科学教学的重要组成和核心部分。

第二节

乐于合作，让科学与环境和谐地相处

从"以培养科学素养为宗旨的科学基础课程"这一理念出发，我校科学课程目标体系分为课程总体目标和课程年段目标。两部分课程目标又分别从科学知识、科学探究、科学态度和科学、技术、社会与环境四个角度进行阐述。

一、学科课程总体目标

《小科学课程标准（2017年版）》指出：小学科学课程是一门基础课程。科学素养需要长期逐步形成，发挥科学早期教育对科学素养的养成作用。科学教育活动启蒙作用，将保护孩子天生的好奇心，培养和激发科学兴趣，学习科学知识，感受科学活动的过程与方法，了解科学技术和社会的关系，善于合作，保护环境，为之后科学学习打下基础。[1]

通过科学课程的学习活动，掌握一定的科学知识，形成良好的科学行为习惯；掌握科学探究的过程与方法，学会在科学探究活动过程中，学会从科学的角度看问题、想问题；培养好奇心与求知欲，养成勇于想象、重视证据、勇于创新的科学态度和科学情感，亲近和欣赏自然、爱惜生命，积极保护资源和环境。乐为先，玩转科学；乐玩科学中培养探究。探究既是目标，又是学习的最主要方式。乐玩科学课程向学生提供充分的科学探究机会，又

---

[1] 中华人民共和国教育部. 义务教育小学科学课程标准（2017年版）[S]. 北京：北京师范大学出版社，2017：1—2.

使其在轻松的状态下进行探究的过程中，感受科学的乐趣，掌握科学探究本领，获得科学知识，形成实事求是、善长质疑的科学态度。

（一）科学知识目标

1. 了解物质的基本性质和基本运动形式，生物的主要特征，太阳系和相关星座，技术是人类能力的延伸、改变世界的力量，推动着社会的发展。

2. 认识物体的运动、力的作用，掌握能量的不同形式和相互转换；了解人体与健康，生物和环境的相互作用；认识人类和环境的关系；了解地球的面貌和运动。

3. 知道生物体的生命活动和生命周期，知道地球是人类应当珍惜的家园。

（二）科学探究目标

1. 掌握获取科学知识的主要途径进行科学探究，学会运用不同方法获取证据、发挥创造性思维和逻辑推理解决问题，在评价和交流等中达成共识的过程。

2. 在进行科学探究时，能以根据问题来设计研究方案，收集、整理和分析所获得的信息从而获取证据，推理得出结论，表达交流个人探究结果和观点；使用科学探究方法解决比较简单的生活常见问题。

3. 知道分析、综合、比较、分类、抽象、概括、推理、类比等思维方法，发展学习能力、实践能力、思维能力以及创新能力，学会使用科学语言和他人沟通和交流。

4. 知道通过科学探究达成共识的科学知识正确性具有阶段性，随着不断地研究和新证据的出现，科学知识将不断被完善和深化。

（三）科学态度目标

1. 保持对自然现象好奇心和探究热情，积极参加观察、实验等科学研究活动，克服研究活动中的出现困难，达到预期目标。

2. 具有根据证据和推理表达个人观点的意识；学会聆听不同的意见以及理解别人的观点；根据事实，勇于修正和完善自己的观点。

3. 具有批判性思维，科学研究中敢于质疑，学会从不同角度考虑问题，追求创新。

4. 具有科学探究活动中的合作意识，积极参与交流和讨论，尊重他人的情感和态度。

（四）科学、技术、社会与环境目标

1. 了解所学的科学知识在日常生活中的应用。

2. 了解人类活动对环境的影响；社会需求推动科学技术发展；科学技术是社会与经济发展的推动力。

3. 理解科学技术的研究与应用要遵循伦理与道德；热爱大自然，珍爱生命，环境保护意识和社会责任感不断增强。

二、学科课程年段目标

（一）科学知识学段目标

1. 低年级学段科学知识目标。观察、描述日常所见的物体，了解常见力、材料、人工世界相关知识；识别常见的动植物，阐述其特征；了解与太阳等有关的自然现象，了解天气等环境对生物和我们生活的影响；正确使用常见工具，利用材料和工具完成简单任务。

2. 中年级学段科学知识目标。使用科学术语描述物体特征、材料性能；认识物体的运动、力的作用，辨别能量类型；初步掌握动植物的主要组成部分、生命周期，认识植物的繁衍，可以根据特征对其进行分类，初步认识人体的主要生命活动；知道与人类密切相关的太阳等的运动特征，了解自然现象的规律性，初步了解地球上大气、水、土壤、岩石的状况，初步认识大自然为人类生存提供了资源和能源，以及一些自然灾害；认识到人工世界是由人类设计和制造出来的，意识到工具的使用可以更加精确、便捷，知道设计的系列步骤，利用分工与合作完成一项工程设计，考虑多种因素，同时任何设计都会被一定的条件所制约。

3. 高年级学段科学知识目标。了解物质变化、能量转换，初步认识人的生命活动及人体健康，初步了解动植物之间的相互关系，生物的多样性及生存条件；认识人类和自然资源、能源之间的关系，认识到要珍惜赖以生存的地球；对太阳系及一些星座的基本概况有所掌握，了解昼夜交替、四季变化分别与地球自转和公转有关，了解大气运动、水循环、地壳运动等与之有关自然现象的形成原因；人类改造周边环境的方法是技术，技术是人类能力的延伸，工程是依据科学原理设计和制造物品，解决技术应用的难题，创造美丽多彩的人工世界的系列活动,科学技术不断推动着人类社会的发展和文明进程。

(二)科学探究学段目标

1. 低年级学段科学探究目标。通过课程学习,能通过观察、比较从具体现象与事物中提出感兴趣的问题;依据已有的认知,对问题进行简单猜想;知道科学探究需要制订计划;能利用感官和工具,观察事物外部特征及现象;能用科学语言对信息进行初步描述;有运用观察、描述、比较等方法从而得出结论的科学意识;能简单描述探究过程与结论,并与同伴讨论、交流;具有对探究过程、方法和结果进行反思、评价与改进的意识。

2. 中年级学段科学探究目标。通过课程学习,在具体事物的观察与比较中,提出下一步探究的科学问题;能根据现有经验、知识提出假设;能根据已有知识,制订科学探究计划;能运用感官和合理选择工具及仪器,观察和描述事物外部形态特征及现象;在整理信息时会用科学的词汇、图示符号、统计图表等方式记录,描述证据和结果;基于已有证据运用分析、比较、推理等方法,分析结果,得出结论;正确描述科学的探究过程与结论,聆听他人的见解,并与之交流;对科学探究过程、方法和结果开展反思,作出自我评价与调整。

3. 高年级学段科学探究目标。能根据已有的知识,从事物的结构、功能等角度提出可行性的科学探究问题;能依据已有的知识,从事物的结构、功能、等角度提出具有针对性的假设,并能对假设的依据进行说明;能依据已有知识,制订较为完备的探究计划,具备一定的实验设计能力和变量控制意识,能设计单一变量的实验方案;能依据已有知识,利用观察、实验、查阅资料、调查等方式获取事物的信息;能依据已有知识,用科学术语、统计图表等方式对信息进行记录整理,描述探究结果;能依据已有知识,利用分析、比较、推理、概括等方法总结出科学探究结论,对结论与假设的一致性进行判断;能依据已有知识,使用不同的表述方式,呈现探究的过程与结论,能根据证据对别人的探究报告进行质疑与评价;对科学探究活动开展过程性反思并及时调整,对科学探究活动进行总结性评价,修缮探究报告。

(三)科学态度学段目标

1. 低年级学段科学态度目标。有科学好奇心,对动物、植物以及物质的外部特征、生活中的科学和自然等现象产生探究兴趣；能科学地描述事实，学会尊重事实，形成用事实说话的意识；在教师的引导下围绕主题进行猜测，尝试不同角度和多方式了解事物；愿意聆听和共享他人的信息，善于表达、阐述个人观点，依据要求开展合作探究活动。

2. 中年级学段科学态度目标。保持对科学好奇心，对事物发生的条件、过程、原因等方面的探究兴趣；在科学探究中以事实为根据，敢于对权威与书本提出质疑，对待具有说服力的证据，可以调整个人观点；擅长尝试运用不同材料、思路、方法开展科学探究，感受创新快乐，能接纳别人观点，修缮个人探究，能分工合作，开展多人合作的科学探究学习，能为顺利完成探究活动，共享想法，贡献自己的力量。

3. 高年级学段科学态度目标。对事物的结构、功能、变化及相互关系开展科学探究产生兴趣；尊重科学证据，又能坚持正确自己的观点，当大家观察、实验结果出现不统一时，善于分析原因，再通过观察、实验，以事实为根据来进行判断；具有大胆质疑的精神，多角度提出研究思路，利用新方法、新材料，完成探究、设计与制作；善于接纳他人的批评意见，反思、调整自己的探究，与他人进行合作时，乐于沟通交流，综合考虑成员意见，形成统一的集体观点。

第三节

夯实基础，开拓家乡科技的资源优势

依据国家有关方针政策，我校基础性课程主要以国家统编教材为教学媒介，执行国家课程。并结合学校周边相关科学活动场馆，实践基地等资源，制定相关的科学拓展性课程。依据我校教师、学生以及其他因素的影响，分为了解走进科学、综合实践、科学与生活。

《小科学课程标准（2017年版）》指出："小学科学课程是一门基础课程。科学素养的形成是长期的，早期的科学教育将对一个人科学素养的形成具有决定性的作用。承担科学启蒙任务的这门课程，将细心呵护儿童与生俱来的好奇心，培养他们对科学的兴趣和求知欲，引领他们学习与周围世界有关的科学知识，帮助他们体验科学活动的过程和方法，使他们了解科学、技术与社会的关系，乐于与人合作，与环境和谐相处，为后继的科学学习、为其他学科的学习、为终身学习和全面发展打下基础。"[1] 我校课程依据国家课程标准分为基础性课程和拓展课程，基础性课程主要培养学生的基础知识基本技能以及对科学学科的初步了解，拓展性课程主要培养学生的实践动手能力。通过实验探究认识到科学与生活的联系，激发学生对科学的探究。

（一）学科课程结构

1. 了解走进科学。内容为科学小图书，科学资料。让学生初步了解科学学科，并且知道科学与我们生活息息相关，对一些科学现象产生好奇心与

---

[1] 中华人民共和国教育部. 义务教育小学科学课程标准（2017年版）[S]. 北京：北京师范大学出版社，2017：1—2.

兴趣。

2. 综合实践。科学是一门综合课程，培养学生动手实践能力，在这过程中教师的讲授和学生的实践活动相结合。自主探究和动手操作去发现科学的奥秘，解释科学现象的真相，从而达到学习目的，在此过程中也能培养学生的合作能力。

3. 科学与生活。通过学生自己的实践操作，解决生活中一些科学问题，从而体会到科学与生活息息相关，激发学生对科学的探究能力，将科学联系到生活中。具体表述如下图（见图3-1）：

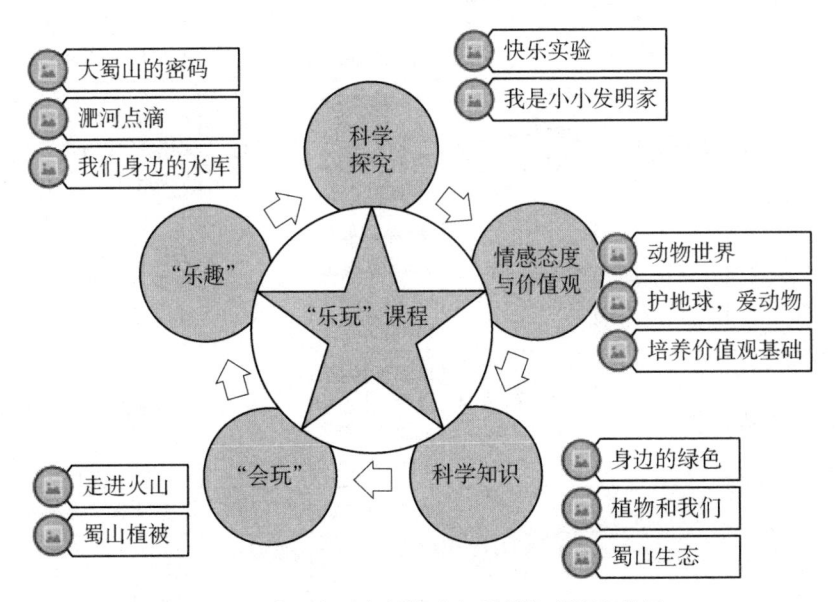

图3-1 合肥市蜀山小学"乐玩科学"课程架构图

从上图得出：

乐趣科学课程——将学生平时感兴趣的一些魔术或者动手制作结合相关教学活动融入创设出的生活情境中，与学生自身的学习和校园生活紧密联系，这样学生会更加主动地去了解科学知识和相关的科学技能，并与自己平时的学习与生活互相联系起来。教师在带领学生学习知识的同时，还可以引导学生将知识与生活联系到一起，使学生更好地理解知识、掌握科学技能。

会玩科学课程——科学要从小教起。中华民族需要造就一个科学的民族，必须在民族的嫩芽——儿童上去加功夫培植。让学生学会玩，释放他们的天性，充分激发他们的想象力和创造力，培养他们以乐于探究科学为导向，对其进行科学探究启蒙教育，要让他们实际参与实践活动。

（二）学科课程设置

基于乐玩科学课程理念及我校学生实际情况，合肥市蜀山小学科学学科课程设置如下（见表3-1）：

表3-1 合肥市蜀山小学科学课程设置表

实施年级		名称	课程内容	课程目标	课程资源	活动设计
一年级	上学期	身边的绿色	认识常见植物 认识珍稀植物	比较图形或实物，辨识相异处，说出共同处。	校园	组织学生观察描述自己的同桌，说一说自己与同桌的外貌有哪些异同。
	下学期	植物和我们	植物与生活 植物与环境	了解植物和我们生活的联系以及和环境的关系。	大蜀山	组织学生去大蜀山，观察动物植物，描述他们的异同。
二年级	上学期	快乐实验	科学趣味实验 科学动手做	培养孩子爱科学的意识以及实践探究能力。	科技馆	参观科技馆，有针对性地介绍科技物件，激发孩子科学兴趣。
	下学期	我是小小发明家	生活中的科学 科学小发明	培养学生在生活中发现科学的能力，动手实际操作力。	科学岛	参观科学岛，介绍相关科学知识。
三年级	上学期	动物世界	认识家禽 宠物知多少	认识各类动物并了解他们的生活习性。	大蜀山	观察大蜀山上有哪些动物，它们生活在什么样的环境，以什么为食。
	下学期	护地球，爱动物	认识濒危动物 保护濒危动物	了解濒危动物 培养从小保护动物的意识。	动物园	参观动物园，认识各种动物，听饲养员介绍小动物。
四年级	上学期	走近火山	火山和地震 火山与岩石	培养学生对火山、岩石的探究意识。	大蜀山	翻阅资料、图书，了解火山形成的原因，了解大蜀山是一座死火山。
	下学期	大蜀山的密码	火山与环境 保护家乡的火山	培养学生对家乡火山的历史和知识的兴趣，保护家乡资源的意识。	大蜀山	参观大蜀山，收集大蜀山山脚、山腰、山顶处的岩石进行对比。

续 表

实施年级		名称	课程内容	课程目标	课程资源	活动设计
五年级	上学期	泗河点滴	合肥的母亲河 认识泗河	培养学生探究家乡母亲河的能力，热爱家乡母亲河的意识和情感。	南泗河流域	翻阅资料初步认识南泗河，并体会它对我们的意义。
五年级	下学期	我们身边的水库	合肥的"大水缸" 环境和水源地保护	了解水库的基本知识和水库的作用，培养学生保护水资源的意识。	董铺水库流域	实地考察南泗河的发源地与植被保护情况，访问环保所询问水质情况。
六年级	上学期	蜀山植被	大蜀山的植被 大蜀山的植物与生态	了解家乡山上的植物分布和种类，培养学生保护家乡生态资源的意识。	大蜀山	实地观察大蜀山的植物生态环境，并填写报告单，总结出生态环境与我们人类的关系。
六年级	下学期	蜀山生态	大蜀山的动物 大蜀山动物与生态	培养关注大蜀山动物的意识，激发学生保护动物的意识。	大蜀山	实地观察大蜀山的动物生存环境，并填写报告单，总结出动物生态环境与我们人类的关系。

第四节

策划实践，实行多元评价的成长记录

"乐玩科学"的宗旨是带领儿童发现科学的美，提高儿童的科学素养。引导儿童在充满乐趣的实践活动中领会科学原理。"乐玩科学"的学科课程实施主要从以下几个方面入手：

一、打造"乐玩科学课堂"，彰显课堂魅力

"乐玩科学课堂"是在我校"活力课堂"的基础上建立的科学学科特色课堂。"乐玩科学课堂"坚持"以趣为本"，即以孩子的活动为中心。老师在科学课堂中，充分考虑孩子的兴趣点，使每个孩子都参与到探究活动中，尊重儿童在课堂学习活动中的中心地位。具体来说就是儿童的学习兴趣需要教师创设有趣的学习情境来激发。让儿童置身于一种愉悦、和谐、良好的学习氛围中。让每个孩子都觉得学习科学是有趣的，是好玩的，并且乐在其中。

建设符合我校科学学科实际的"乐玩科学课堂"，主要包括基本要求、推进策略、评价提升三个方面。

（一）"乐玩科学课堂"的基本要求

"乐玩科学课堂"的基本要求需实现四个能力关键词：

1. 大胆质疑能力：在教学实践中，鼓励学生大胆质疑，激发发散思维。学生从中获得知识的经历，实际上是一个不断提问，然后再用各种方法寻求问题解决的经历。

2. 活动规划能力：科学课程标准要求学生有设计实验的能力。要求学生能提出探究活动的总体思路并且能制定探究活动的计划，这就要求孩子能结合实验目标，选择相应的实验方法及实验工具，再结合实验方法设计出可行的实验方案，然后有步骤地操作、收集实验数据，在此基础上对实验数据进行分析、总结出实验结论。在探究实验的教学过程中，让学生经历像科学家那样从发现问题、提出猜想、设计实验、验证猜想、得出结论的全过程，从而使学生的科学探究能力得到提升。

3. 观察实践能力：观察是用感官有计划、有目的的感知物体、现象或事物的过程，引导学生观察与实践，培养儿童的观察能力，是提高儿童科学探究能力重要途径。

4. 合作探究能力：在常规教学中，学生根据自己的情况自由组成合作学习小组，以小组合作的模式探究学习。学生在合作学习过程中与他人交流与合作，探究思路得以拓宽、探究能力得以提高。在合作小组共同完成探究学习任务过程中，学生体会到交流与合作的重要性。同时学生在合作学习的过程中，逐渐感受到合作与交流、自主探究的乐趣，最终成为探索的主力军。

（二）"乐玩科学课堂"的推进策略

"乐玩科学课堂"的实施我们坚持以教研为先导，以课例为载体，始终关注孩子的学习兴趣，朝着"活力课堂"的核心目标逐步探索出一条行之有效的"学中玩，玩中学"之路。"乐玩科学课堂"的推进策略如下：

"乐玩科学课堂"要求教师结合自己的教学机智，多角度、多层次地设计教学活动，这就要求教师从学科教学者发展成学科教育家。课堂上全面调动学生的积极性，让学生在学习过程中情智交融，协调发展。"乐玩科学课堂"的核心要素是"学中玩，玩中学"，主要从以下几方面开展：以自主、合作、探究的学习模式为主；开展与乡土资源相结合的生态课程；探索互联网学习与科学课堂教学相结合的模式。

（三）乐玩科学课堂的评价提升

依据我校活力课堂的内涵，我们设计了符合乐玩科学课堂内涵的乐玩科学课堂评价量表，以量化的方式对学生科学探究能力进行评价。作为学生成长足迹的重要组成部分（见表3-2，表3-3）：

表 3-2　合肥市蜀山小学"乐玩科学"课堂评价量表

评价内容		评价标准
质疑能力	能够在科学探究过程中产生疑问并能清晰表达	☆☆☆☆☆
	能通过多种渠道解决自己的疑问。	☆☆☆☆
	能够判别提出的问题是否属于科学问题。	☆☆☆☆
	能够对提出的问题进行比较和评价。	☆☆☆☆
活动方案设计能力	能提出进行科学探究活动的大致思路。	☆☆☆☆
	能对个人或者合作小组探究的问题设计计划书。	☆☆☆☆
	能够预测科学探究活动中的注意事项。	☆☆☆☆
观察实践能力	明确观察的目的。	☆☆☆☆
	能够运用多种方式描述观察到的现象。	☆☆☆☆
	能够如实记录观察结果。	☆☆☆☆
	能够在观察中联系已有知识。	☆☆☆☆
	能够在观察中发现新问题。	☆☆☆☆
合作探究能力	能结合自己的理解进行交流,总结成学习成果。	☆☆☆☆
	在交流时,能博采众长,积极总结。	☆☆☆☆
	能够知道科学探究的成果不是一个人努力的结果。	☆☆☆☆

表 3-3　合肥市蜀山小学"乐玩科学"课堂对教师评价量表

项目	评价标准	分值				得分
教师教学过程评价	关注学生学习兴趣,注重学生综合探究能力的发展。	10	8	6	4	
	组织科学探究活动有效性,注重引导学生亲历探究活动的整个过程。	10	8	6	4	
	组织学生分工与合作顺利的完成学习任务,指导学生用科学的探究方法,知识延伸得当。	10	8	6	4	
	教师创设自由、平等、民主的学习氛围。	10	8	6	4	

二、倡导"乐玩学习",形成丰富多彩的学习方式

正处于小学的学生是一群活泼好动的孩子。他们在这个神奇的世界里,处处充满着好奇。儿童对感兴趣的东西有着非常强烈的好奇心,由此教师语言具有趣味性,同时教学内容和教学方式具有趣味性,对小学生的课堂学习都是极其重要的。科学是充满神奇色彩的学科,对儿童而言有极强的吸引力。使用趣味言语和趣味实验可以让儿童在快乐中学习知识,同时有助于学

生对知识的记忆以及掌握。

在常规的教学活动中我们主要注重以下几方面：（1）教师语言具有幽默性可以提高课堂效果，可以增加教学趣味性；（2）学生奇妙的思想以及表达也让课堂增强趣味性；（3）教师教学方法有趣，带着学生在课堂上玩中学。强烈的兴趣和好奇心是创新的动力。

教师将自己充满趣味的教学模式应用于课堂，可以提高教学的效果和学生学习的动力。教师在教学过程使用趣味性的教学会更加轻松，课堂更加丰富，学生在学习中接收知识也更加容易，学习效果也会更好。同样，在教学中趣味性实验的加入，不但能让学生的学习兴趣提高，也会让学生学习主动性增强，还能帮学生将生活与学习相联系，对他们科学地学习知识、记忆及将来在生活中的应用，都有着举足轻重的作用。同时也体现科学课程在小学设立的意义——源于生活感受生活，丰富学习与生活中的趣味性。

三、设立"科学活动节"活动，激发学习兴趣

（一）"科学活动节"课程的设立与实施

科技活动节每年举办一届，活动开展方式多种多样：科学知识小达人竞赛、科学小实验展、科普小论文比赛等等。学生参与活动的过程也是提高学生动手能力，培养学生科学素养的过程。比赛设立奖项或颁发证书来调动学生参赛的积极性和主动性。

"科学活动节"课程实施内容：（1）制作实验。学生结合学习和生活实践，动手做一些小实验、小制作。（2）录制视频。在家长、老师的帮助下，用手机录制一段小实验、小制作、小发明视频。视频画面要清晰，主题要鲜明。操作过程要有恰当的介绍，要让观众看清操作的步骤，发生的现象。（3）传达演示。传达的知识要科学，操作要规范，演示要直观。（4）首尾呼应。录像开始有作者自我介绍，结束前谈谈活动收获。（5）反思进步。在科学小制作、小实验、小发明基础上撰写小论文，也可以用相关的视频及其图片等材料佐证。小论文要写出自己的所思、所悟与所获，不要把小论文简单地写成实验、制作和发明过程。

（二）"科学活动节"评价方式

为了让"科学活动节"的实施更有效，真正发挥它的作用，"科学活动节"的评价量表如下（见表3-4、表3-5、表3-6、表3-7）：

表3-4　合肥市蜀山小学科学实验操作评价标准

	评价内容	评价标准
设计实验要求	能明确实验要求，并结合实验要求准确地提出自己所要探究的问题。	☆☆☆☆☆
	能提出科学的猜想或假设。	☆☆☆☆☆
	用图或文字表达出自己设计的实验方案，需要时能设计出合理的记录数据的表格。	☆☆☆☆☆
实验操作要求	能正确选取实验所需材料、仪器。	☆☆☆☆☆
	对仪器的使用正确，规范，注意安全。	☆☆☆☆☆
	实验过程中，保持良好的注意力，调动多种感官，并收集数据。	☆☆☆☆☆
	实验结束后，能将物品、仪器及时放回原处，保持清洁。	☆☆☆☆☆
	实验态度端正、严谨，实验过程条理清晰，动作规范。	☆☆☆☆☆
实验结论	对于初始探究的问题，能归纳出发现或结合实验现象，通过简单的推理加工得出结论。	☆☆☆☆☆
	书写规范，表达清楚，对于初始问题，能得出正确结论。	☆☆☆☆☆

表3-5　合肥市蜀山小学科技小制作、小发明评价标准

	评价内容	评价标准
创新性要求	作品要新颖独特，在原有的基础上有较大的创新或改进，能展现出作品的独到之处，体现作者的科学的创造性和丰富想象力。	☆☆☆☆☆
科学性要求	作品的选择、理念、设计到成果要以科学思想为指导以事实为依据；作品要做到简单、省材、美观；作品要突破传统观念展现新思想。	☆☆☆☆☆
艺术性要求	作品属于小学生身边的科学应用。在设计和制作上要体现艺术性，可视性较强，有一定的保存和收藏价值。	☆☆☆☆☆
实用性要求	作品应体现实用性价值，具有可实施性，跟生产生活紧密联系，并能应用到实际问题中。	☆☆☆☆☆
节约性	作品体现变废为宝的原则，以生活中的废弃旧物为原材料，制作过程简单，不会产生太多能量消耗。	☆☆☆☆☆

表3-6 合肥市蜀山小学科技小论文评价细则

评价内容		评价标准
主题内容	论文紧扣设计主题，展现了观点明确、论据有力、数据详实、内容丰富、材料多样、有较强的实用性。	☆☆☆☆☆
	论文情感真实，标题新颖、醒目。	☆☆☆☆☆
体裁结构	文章有清晰的层次、合理的结构。	☆☆☆☆☆
	布局严谨、自然、完整。	☆☆☆☆☆
语言表达	语言通俗易懂，准确简练。	☆☆☆☆☆
	写作技巧运用合理。	☆☆☆☆☆
创新和亮点	材料构思新颖，有独特见解。	☆☆☆☆☆
	文章富有文采。	☆☆☆☆☆

表3-7 合肥市蜀山小学科技小论文对教师评价细则

项目	评价标准	分值				得分
教师教学过程评价	活动设计的可行性、可操作性强，贴近生活。	10	8	6	4	
	活动设计面向所有学生，鼓励每一位学生参与活动，关注特殊学生学习。	10	8	6	4	
	活动中尊重学生人格，鼓励学生发表不同看法，接受学生的不同观点。	10	8	6	4	
	对于学生的作品给予公平公正的评价。	10	8	6	4	

四、建设"科学兴趣小组"，享受学习的快乐

学校将科学学科课程与综合实践课程有机地结合起来，可以提高学生学习科学的兴趣和爱好。学校将不同年级的学生分类组成科学兴趣学习小组，按既定的任务目标，确定研究性学习的方向，通过小组讨论的方式，进一步开展并制定可行性活动方案。

（一）活动实施

科学兴趣小组分为科学动手做小组、魔术小组、科学创客小组等。科学兴趣小组注重学生自主意识、探究意识和合作意识培养。在体验活动过程的乐趣中，让学生学会分享和合作。活动中倡导儿童独立思考，积极发表个人见解。

（二）评价方式

活动评价多样化，将过程性评价与终结性评价相结合。具体评价如下

（见表 3-8、3-9）：

表 3-8 合肥市蜀山小学兴趣小组个人能力评价标准

评价内容		评价标准
查找的资料能力	能通过书籍、图书室主动去查阅、收集资料。	☆☆☆☆
	能够清晰地知道收集什么材料，了解收集材料的方法，逐渐养成学习前收集资料学习做准备的习惯。	☆☆☆☆
活动过程记录	能够运用多种方式记录观察到的现象。	☆☆☆☆
	能够如实客观全面记录观察活动过程。	☆☆☆☆
研究总结或者调查报告	能够完成活动总结并分享，能体验活动过程的愉悦。	☆☆☆☆
问题讨论过程及结论	能积极地参与讨论，提出个人独到的见解。	☆☆☆☆
活动自我小结、自我评价或小组评价	活动过程中能够及时总结反思。	☆☆☆☆
	能对本次活动进行客观的自我评价和小组评价。	☆☆☆☆

表 3-9 合肥市蜀山小学科学兴趣小组个人能力教师评价标准

项目	评价标准	分值				得分
教师教学过程评价	兴趣小组活动目的明确，符合学生的实际。	10	8	6	4	
	有效组织科学探究活动，引导学生积极参与探究活动。关注学生的个体差异性。	10	8	6	4	
	积极调动各小组合作学习兴趣，及时指导学生的探究过程，知识拓展得当，并使学生正确获取知识，培养探究能力。	10	8	6	4	
	教师创设轻松、有趣的课堂氛围，使每个学生参与到其中，鼓励学生动手和发表不同见解，培养良好的操作能力。	10	8	6	4	

五、利用乡土资源，开展节气课程学习

节气是我国古代劳动人民在长期的农业耕作中积累的经验总结，是我国优秀的传统文化之一。在农业社会，它能指导农耕的进行，影响家家户户的衣食住行。对于现在的孩子学习科学知识，了解节气知识也是非常重要的。

（一）活动内容

老师利用二十四节气中的相关内容，结合课程，带领学生体验不同节气变化的特色，甚至组织学生走出课堂，走进大自然去探寻节气有关的科学知识。

（二）活动评价

为了更好地激发学生的热情，端正态度，积极参与活动，达到最终的活动目的，采用多种评级方式。具体评价标准如下（见表3-10、3-11）：

表3-10 合肥市蜀山小学"二十四节气课程"活动评价标准

评价内容		评价标准
查找资料的能力	学习节气课程前能够查阅相关资料为更好地完成本次学习做充分准备。	☆☆☆☆☆
观察实践能力	学习课程过程中能够运用多种观察方法，并客观记录观察结果，形成学习记录报告。	☆☆☆☆☆
科学的活动设计方案	能提出进行科学探究活动的大致思路，并能够清晰简洁地表达设计思路。	☆☆☆☆☆
合作探究能力及结论	在小组内担任一定职责，并能够完成任务。能发表个人的见解并积极交流，通过合作的方式完成讨论，发表结论。	☆☆☆☆☆

表3-11 合肥市蜀山小学"二十四节气课程"活动对教师评价标准

项目	评价标准	分值				得分
教师教学过程评价	设置情境，激发学生的学习兴趣。	10	8	6	4	
	根据教学内容，合理设计教学活动，形式多样灵活，知识拓展得当。	10	8	6	4	
	有效利用学校周边、社区、网络资源。	10	8	6	4	
	有效户外考察组织活动，引导学生寻找节气的踪迹。	10	8	6	4	

六、拓展实践空间，开展"我与科学有个约会"职业体验活动

科学课程，也应贴近实际，不受限于课内，课外也积极进行探究性学习，由课堂拓展到社会，在实践中提高科学实践能力，在实践中学会人际合作，在实践中发展个性、形成人生态度。我校的"乐玩科学"课程，着手于儿童的创造性发展和创新能力，在此开展"我与科学有个约会"职业体验活动，具体内容如下。

（一）活动实施

我校走进附近相关企业（如青松食品厂）和场所（如动物园、植物园）进行实地学习和调研，了解行业特点。能将所学知识和实际问题结合起来，

知道科学来源于生活，最终又应用到生活中，使学生做到学以致用。访谈、参观、模拟等方式创建职业体验情境，促使学生体验不同职业独特的科学魅力，感受不同职业带来的社会价值。教师通过课内外相结合的方式，让学生在课堂学习中获取科学知识。促进学生正确地认识世界，提高学习效率。

（二）评价方式

科学实践活动采取多元评价的方式，让学生在实践中探究、创新。活动采取小组评价和教师评价相结合的方式，考察学生的搜集资料能力、创造能力、表达能力以及写作能力。具体评价标准如下（见表3-12、表3-13）：

表3-12 合肥市蜀山小学"我与科学有个约会"职业体验活动评价标准

评价内容		评价标准
查找资料的能力	活动前能够查阅相关资料为更好地完成实践做充分准备。	☆☆☆☆☆
职业体验报告和相关素材	活动后能够完成职业体验报告或实践活动报告，并分享。	☆☆☆☆☆
有价值的实验探究设计	能提出进行科学探究活动的大致思路，并能够清晰简洁地表达设计思路。	☆☆☆☆☆
调研后的问题讨论单及其思考	实践活动能够帮助学生建立用科学的眼光看待物质世界的观念，提升学习的质量。	☆☆☆☆☆

表3-13 合肥市蜀山小学"我与科学有个约会"职业体验活动对教师评价标准

项目	评价标准	分值				得分
教师教学过程评价	活动方案设计符合学生的实际情况，与学生的认知水平和心理特征相适应。	10	8	6	4	
	活动方案详细具体，具有可操作性。	10	8	6	4	
	活动设计适合大多数学生参与。活动过程中对学生有专业性指导。采用多种方式进行评价。	10	8	6	4	
	机智处理活动中各种突发情况。	10	8	6	4	

综上所述，乐玩科学课程从学生的真实起点出发，让每个学生都参与到探究活动中，从而全面提升学生的科学质疑能力、活动方案设计能力、观察实践能力以及合作探究能力。让每一个学生在原有的基础和能力上赢得进步，让每一个学生有机会做最好的自己。

（撰稿者：陈将军　刘胜　李长来）

第四章

进阶式探究课程的内容

进阶式探究课程的内容具体表现在学习进阶、学科进阶、探究进阶以及思维进阶的各个方面。我们在不同的阶段学习不同的知识，并不断提升自我。从较低的水平逐渐达到较高的水平，这可以当作是一个学习进阶的过程，它主要体现在从小学科学到初中物理的学科进阶；探究式科学学习过程的进阶以及科学思维能力的进阶。所以我们的课程要引领学生找到自己的兴趣点和恰当的学习方式，让学生循序渐进地形成正确的科学观念。

小学科学课程，是一门以探究科学为基础的学科，让儿童由浅入深感知世界。由于每个孩子的差异很大，为实现良好的教学效果，教师必须通过更多的实证来帮助孩子理解核心知识，所以科学品质课程针对不同年级的学生而设计。如何让不同水平的学生在现有阶段上提高知识储备，成了教学过程中所必须解决的问题，而这就需要教师引导学生学习科学，了解新世界。

学生在学习某一概念时，一般要经过三个阶段：一是其他渠道对学生产生的学前认识；二是学生对知识认知的发展过程；三是如何达到有效的教学目标。学习进阶强调的就是第二阶段。我们在不同的阶段学习不同的知识，并不断提升自我。从较低的水平逐渐达到较高水平，可以当作是一个学习进阶的过程。再让教师从学生的实际能力出发，结合实际情况制订合理的教学目标，通过合理的教育教学方式促进学生对知识的理解。

比如"智科学"课程中的一节课《探究摩擦力》。学生对摩擦力有简单的感知，但缺乏完整的认识。例如：学生握笔、跑步、背书包等都与摩擦力相关，他们几乎没有想过深入探究一番。甚至很多时候，对摩擦力的认识，他们还存在错误的认知，这些认知上的错误会让他们理解摩擦力概念时有一些困难，这反映了学生低阶水平的认知。然而在学习科学学科的过程中，根据对摩擦力的了解，学生会思考将两个物体互相压着，然后尝试去形成相对运动。在这个活动中，学生会感觉到摩擦力的大小不同，从而探究出摩擦力的大小与压力大小、粗糙程度有关，最后将摩擦力的知识带入到生活。

（撰稿者：陈咪咪）

合肥市安居苑小学教育集团科学教研组，现有七名专职老师，其中两名高级教师，两名一级教师，一名省级"教坛新星"，两名"骨干教师"。我校科学教研组认真开展教研活动，以教研组为单位开展教学研究，带动教研组教师共同发展。多次组织教师带领学生参加各级各类比赛，并在全国、省、市级科技创新大赛、机器人竞赛及创客类活动中获得优异的成绩。科学教研组每位教师的教学风格都各具特色。我们依据教育部《关于深化课程改革，落实立德树人根本任务的意见》《义务教育小学科学课程标准（2017年版）》等文件精神，推进我校科学学科课程建设。

第一节

尊重科学，培养学生善于质疑的精神

一、学科性质

智科学课程是一门基础性普及教育课程。该课程对培养一个人的科学素养具有非常重要的意义。小学科学课程学习，使学生初步了解符合他们认知水平的一些基础科学知识；初步掌握观察与调查、比较与分类、分析与结论等基本的科学认知方法；初步学会探究常见的自然现象和解决一些简单的实际问题；激发儿童对科学的好奇心，形成基本的环保意识、合作意识等，树立起正确的价值观和社会责任感，为人生发展奠定良好的基础。

智科学课程是一门实践性探究活动课程。要把探索研究作为小学科学课程学习的重要方式之一，利用日常生活中的常见事物，鼓励儿童通过亲自体验等实践活动，掌握最基本的科学探究方法，了解基础科学知识，捕捉生活中浅显易懂的科学问题。生活中，学会与人合作交流，提高认知世界的水平，培养严谨的科学态度和初步的科学能力。

智科学课程是一门综合性全面发展课程。理解自然现象，解决实际问题，常常要灵活合理地调动不同领域的知识和方法。小学科学要注重不同知识领域的交融和联系，激发不同知识领域的思维技巧；关注知识与经验的融合，关注书本与实践的联系，不断提高儿童的科学知识综合能力；高度重视科学与语数、音体美等课程的相互渗透，帮助学生全面成长。[1]

---

[1] 中华人民共和国教育部. 义务教育小学科学课程标准（2017年版）[S]. 北京：北京师范大学出版社, 2017：1—2.

二、学科课程理念

小学科学课程对于培养学生的探究能力具有重要的价值。课程要面向全体学生，注重学生的个体发展需要，为学生提供更多的学习空间，使他们获得良好的科学教育。

基于学科特性，我们认为，科学主要是培养学生善于观察和质疑的精神及知识、技能等全方面发展的能力。我们坚持引领学生找到自己的兴趣点和恰当的学习方式，让学生接触最朴素的自然，形成正确的科学观念。基于此，我们提出"智科学——让思维之花绽放"的科学学科课程理念。

（一）智科学课程激发学习兴趣

以"兴趣"为师，以"兴趣"为先导，更能体现学生是否主动地投身于科学学习。"智科学"设置了丰富的课程内容，具有灵动性、趣味性和可塑性，使学生的主体性得到了充分体现。

（二）智科学课程培养探究能力

"智科学"课程注重在尊重科学事实的同时，鼓励学生大胆设想、善于质疑，尝试解决生活中的问题，满足求知欲。

（三）智科学课程关注思维发展

智科学课程是以探究活动为途径培养学生科学思维的课程。在课程实施中，要突出学生的主人翁地位，改进教学方法。科学思维的发展是课程实施效果的直接体现，让学生逐渐运用思维方法，如：概念、分类、比较、推理、归纳等。

（四）智科学课程促进表达交流

智科学课程鼓励学生敢于进行表达和交流。探究活动过程中，研究并推理思考，寻找科学证据进行分析，得出结论。在体验的基础上，学生能自信地进行表达，说出观点。

第二节

大胆设想，保持孩子对自然的好奇心

《义务教育小学科学课程标准（2017年版）》指出："小学科学课程的总目标是培养学生的科学素养，并为他们继续学习、成为合格公民和终身发展奠定良好的基础。"[①] 基于对智科学课程的认识，我们制定智科学学科的总体目标和年段目标。

一、学科课程总体目标

结合小学科学课程标准要求，智科学学科课程总体目标如下：

（一）科学知识总目标

1. 对物质的基本性质有所了解。
2. 了解生物体主要特征，认识生物体生命活动与周期。

（二）科学探究总目标

1. 了解探究是获取科学知识的主要途径，解决问题时能灵活运用多种方法。
2. 围绕问题，设计研究方案进行科学探究；通过收集信息，科学推理得出结论；学会与他人有效沟通与交流。

（三）科学态度总目标

1. 具有强烈的好奇心和探究精神，能经常参加科技活动、实践活动等，

---

① 中华人民共和国教育部. 义务教育小学科学课程标准（2017年版）[S]. 北京：北京师范大学出版社，2017：6.

去发掘自身的潜力。

2. 能够听取别人的意见，实事求是，脚踏实地，能够及时完成任务。

（四）科学、技术、社会与环境总目标

1. 初步了解所学的科学知识在日常生活中的应用。

2. 有积极的价值取向，热爱自然与生命，能够做出科学合理的自我判断和自我评价。

二、学科课程年级目标

根据课程标准、教科书以及相关教学用书，结合我校 1—6 年级的学情，我们将智科学课程目标分年级细化，设置了科学学科课程年级目标（见表 4-1）。

表 4-1　合肥市安居苑小学教育集团"智科学"课程年级目标

学期 年级 目标	上学期	下学期
一年级	第一单元目标 1. 能用多种感官观察植物。 2. 能在观察过程中提出要研究的问题。 3. 能用合适的科学词汇进行简单的表达。 第二单元目标 1. 能给物体排序。 2. 能对物体及现象进行描述和交流。 3. 尝试对信息进行组织。	第一单元目标 1. 能够以图标的形式组织信息。 2. 能够整理和分类信息。 第二单元目标 1. 知道不同的动物具有共同的特征，同一种动物也有个体差异。 2. 知道动物是有生命的，是生物。 3. 知道动物会运动、呼吸、生长、繁殖和死亡。
二年级	第一单元目标 1. 能观察和描述物体外部形态特征。 2. 能用自己的语言描述信息。 第二单元目标 对物品的构成材料初步识别，并能正确表述。	第一单元目标 能用自己的语言讲述探究过程与结论。 第二单元目标 在教师的指导下能够对信息进行整理和分类。
三年级	第一单元目标 1. 能有效观察不同种类的植物。 2. 用多种方式记录观察内容。 第二单元目标 1. 用不同的方法解决不同的问题。 2. 总结动物之间的相同点和不同点。	第一单元目标 比较多种植物，总结它们的相同点和不同点，归纳整理。 第二单元目标 1. 饲养一种小动物。 2. 用不同的方法解决不同的问题。

续 表

学期 年级目标	上学期	下学期
	第三单元目标 1. 运用各种感官探究各种材料制成的物品。 2. 利用各种简单的工具进行测量，学会用验证的方法探索材料的物理性质，根据观察到的性质和特征对物体和材料进行描述、比较、分类和排序。 第四单元目标 通过图表、图画等方式描述观察、实验和测量的结果，用书面、口头的形式对观察测量的过程方法和结果进行有目的的分析和交流。	第三单元目标 认识常用液体温度计的主要构造。 第四单元目标 会使用并能制作指南针。
四年级	第一单元目标 让学生能对天气数据进行分析。 第二单元目标 理解气体溶解于水的观察实验。 第三单元目标 1. 能够描述观察到的现象。 2. 通过观察理解声音实验。 第四单元目标 1. 认真做好观察记录。 2. 熟悉人体结构，加强对自己的认知。	第一单元目标 在关于电的探究活动中，进行预测、观察、描述和记录实验的结果。 第二单元目标 观察种子发芽的变化过程。 第三单元目标 使学生能够辨别哪些食物中存在脂肪、淀粉等。 第四单元目标 1. 进行有关硬度、透明度的实验，记录并讨论实验的结果。 2. 阅读更多的有关岩石和矿物的资料。
五年级	第一单元目标 能够设计实验、制订实验计划等，按要求设计出自己的实验。 第二单元目标 认识到地球最大的光源和热源是太阳。 第三单元目标 阅读、收集更多的相关信息资料，完善原有的认知。 第四单元目标 学生能够通过一系列的模拟实验来发现事物的本质。	第一单元目标 使学生能够理解物体沉浮的原因。 第二单元目标 培养学生严谨科学的思维方式，让学生形成科学的思维和学习习惯。 第三单元目标 培养学生发现和提出新的问题的能力，并通过观察实验，搜寻证据，解决生活中的问题。 第四单元目标 用文字、图表、图画等方式描述观察、实验和测量的结果，并且能对观察结果进行分析。

续 表

学期 年级目标	上学期	下学期
六年级	第一单元目标 1. 进行研究各种机械作用的实验，收集能够解释机械原理的数据。 2. 用文字、数据、图表等对所观察到的内容进行记录、整理与分析。 第二单元目标 学会用不同方式进行解释，并能把探究的结果与最初的假设相比较。 第三单元目标 学习制作简单电磁铁，让学生通过简单的实验理解电磁铁的应用。 第四单元目标 倾听他人的报告，用适宜的方式表达自己的观点。	第一单元目标 让学生能够通过显微镜了解身边的微生物，理解微生物的结构特征等。 第二单元目标 使学生能够区分物理变化与化学变化的本质，让学生通过科学的实验理解化学变化的伴随现象。 第三单元目标 学生能够说出月相变化的原因，日食和日月食形成的原因，在星空中探索宇宙等。 第四单元目标 带领学生探索垃圾的处理方法，垃圾的分类和回收利用，进而让学生能够学会节约。

第三节

科技创新，激发孩子对科学的求知欲

《义务教育小学科学课程标准（2017）版》指出小学科学课程的学习内容包含物质科学、生命科学、地球与宇宙科学、技术与工程四个领域。[1] 我们依据该课程标准相关要求，结合科学学科核心素养和本学校学生的特点，开设了"智科学"的五大类课程。

一、学科课程结构

依据小学科学学科课程标准，围绕小学科学学科核心素养，以国家课程为依托，建构智趣、制造、智玩、智创、智享五大类课程。

智科学课程结构图如下（见图4-1）：

具体表述如下：

（一）智趣，激发孩子的学习热情

科学课程的普及，为了让学生拥有良好的学习科学的环境。不同年龄阶段的学生有不同的生理和心理特点，以及不同层次的知识结构和储备。因此，科学课程要针对各学段学生的特点设计相应的课程内容和活动，提高学生的科学素养。

（二）智玩，让孩子体验科学课程的趣味性

小学科学的教学要善于把握小学生对周围世界具有强烈好奇心的心理特

---

[1] 中华人民共和国教育部. 义务教育小学科学课程标准（2017年版）[S]. 北京：北京师范大学出版社，2017：7.

图 4-1 合肥市安居苑小学教育集团"智科学"课程结构图

点,围绕生活中的科学现象开展探究活动,即进行研究、实验、观测等探究式体验活动。

(三)智造,培养孩子的科学思维

无论是观测还是动手制作,都能引导学生细心观察和深入思考,进而培养小学生的科学思维,让小学生在参与、互动的过程中,体验大自然的美,宇宙的奇,感悟人与自然和谐共生的关系。

(四)智创,培养孩子的创新意识

科学课程应鼓励学生多观察、多动脑、多动手、多提问,鼓励学生自己去探究在生活和学习过程中发现的科学问题与科学现象,并寻找答案。帮助学生树立信心,有敢创新、想创新的意识,让学生在现有的知识水平上进行大胆的创新。

(五)智享,分享科技成果的快乐

学生将一件件匠心独具的作品分享给大家。这些不仅培养了学生的科学素养,更注重了培养孩子与人合作、交流、沟通的能力。智科学课程的建设,坚持以学生为本,培养友善合作的精神,体验和感悟科学的精神与魅力。

二、学科课程设置

智科学课程群以教科版科学教材为依托，开设智趣、智造、智创、智玩、智享等系列课程，引导孩子学习生活中的科学，让思维之花绽放。

智科学拓展课程设置如下（见表4-2）：

表4-2 合肥市安居苑小学教育集团"智科学"课程设置表

内容		基础课程	拓展课程				
			智趣	智造	智玩	智创	智享
一年级	上学期	植物 比较与测量	五弦琴	古老的照相机	磁悬浮	自制电动机	创客节 百变吸管
	下学期	我们周围的物体 动物	种子的秘密	巫婆奶奶的钟	旋转瓶	自制齿轮车	科技动手做 科技节
二年级	上学期	我们的地球家园 材料	变色盘	静电验电器	磁力秤	自制香水	创客节 炫酷纸板
	下学期	磁铁 我们自己	时钟嘀嗒	地球温度计	拔河	自制皮带轮车	科技动手做 科技节
三年级	上学期	我们周围的材料 水和空气	失踪的淀粉	VC魔法水	潜望镜	自制万花筒	创客节 创客微剧场
	下学期	温度与水的变化 磁铁	望远镜	牛顿盘	声音的产生	声音的传播	科技动手做 科技节
四年级	上学期	天气 我们的身体	小路灯	纸玩笑	小门铃	自制弹力车	创客节 未来城市
	下学期	食物 岩石和矿物	红绿灯	不倒翁	发报机	自制火山爆发	科技动手做 科技馆课程
五年级	上学期	地球表面及其变化 运动与力	旋转魔法	动画片	立体镜	看不见的魔力	创客节 未来城市
	下学期	时间的测量 地球的运动	电磁起重机	电风扇	风力车	风速风向	科技动手做 科技馆课程
六年级	上学期	能量 生物的多样性	直升飞机	降落伞	反冲动力车	自制秤	创客节 创客微剧场
	下学期	宇宙 环境和我们	辘轳	饮水机	潜水艇	别碰我	科技动手做 科技节

第四节

多元促学，开启孩子探索未知的钥匙

智科学课程整合了校内外教育资源，把创客节、科技节、社团活动和科技馆课程作为主要补充，将校园、社区、科技馆和家庭资源相结合并有效利用，实现多维度、多角度的整合。为紧扣"智科学"的课程理念，保证学生所学内容趣味化，学习形式多样化，现将智科学课程从以下四个方面展开实施：

一、构建智课堂，拓展课程宽度

依据智科学的课程理念，结合智科学的课程目标，我们提出了智课堂的基本要求：趣味、开放、自主、合作、真实。

智课堂是充满趣味性的课堂，课程内容的设计从贴近学生生活出发，使他们产生兴趣并乐于主动探究；智课堂是开放的课堂，给学生提供充足的课程资源和探究机会，使学生能够针对自己感兴趣的问题，采用多种学习方式进行深入地观察、调研、发现、质疑归纳、总结；智课堂是开放的课堂，促进学生在复杂多变的情境中主动参与科学活动；智课堂是合作的课堂，以助于课堂的合理分组和分工；智课堂是真实的课堂，学生只有在真实的问题情境中才能探究性学习，过程中往往会有很多生成性问题，由真实的问题进行真实的研究，产生真实的学习，获得真实的体验。

（一）智课堂的实施策略

基于智课堂的基本要求，我们坚持以孩子的需求为前提，以丰富的探究活动和实践活动为载体，以多样化的校内外综合资源为要素，推进智科学课程的实施。智课堂的实施策略如下：

1. 主题式的教学活动，让学习充满趣味。我们根据"智趣、智造、智创、智玩、智享"这五个模块在不同年级设置不同的学习主题，根据学习主题展开教与学相关的活动。课程内容丰富且有趣，让学生带着好奇心探究身边的科学。

2. 多样性的教学形式，使课堂开放灵动。我们将智课堂教学形式总结为：启发式、讲授式、互动式、指导式、探究式、实践式。根据课程内容选择恰当的教学形式，多种教学形式可以合并使用，使"智课堂"更丰富更灵活更有趣，学生有效学习并乐于表达交流。

3. 社团教学和班级教学相结合，让探究真实地进行。智课堂关注学生探究体验的真实性、实效性。教师要鼓励学生提出科学问题，并及时关注学生在课堂中的生成性问题，使他们对科学内涵的理解更加清晰，使他们对解决问题的策路运用更加到位，逐步使学生养成严谨的科学态度，让探究在智课堂上真实地发生。

（二）智科学课堂的评价要求

评价的目的在于更好地了解教师在课程实施过程中起到的作用，更好地监测教学行为。了解学生在学习过程中教学目标的达成度，有效评测教与学的质量水平。智科学课堂评价分两种，分别对应教师教学效果的评价和学生学习情况的评价。我们将智科学课堂的基本要求即趣味、开放、自主、合作、真实，作为评价主要内容融入在智课堂教学评价表中，对智课堂进行全面综合的评价。（智课堂教学评价见表4-3，智课堂学生评价见表4-4）

表4-3 合肥市安居苑小学教育集团"智课堂"教学评价表

评价维度	评价指标	评定等级（五星）
教学目标	课程标准的要求能够有效符合。	
教学内容	重难点突出。	
教学活动	学生能够主动学习，合作学习。	
教学方法	教师有一定的教学方法，学生有一定的学习方法。	
教学评价	学生能够对学习过程进行反思，同时有一定的收获。	
教师素质	关注每个学生，发扬教学民主，课堂氛围融洽。	

表4-4 合肥市安居苑小学教育集团"智课堂"学生评价表

项目	评价内容	评价等级（五星）
精神状态	学生有一定的学习兴趣，发言积极，坐姿端正。	
参与程度	善于观察，善于思考，能够提出问题并提出解决问题的策略，小组合作完成。	
参与效果	学生能够养成自主学习的习惯，有参与意识，竞争意识，同时在过程中能够培养他们团结协作的精神。	

二、设立创客节、科技节，丰富学习生活

开展创客节、科技节主题活动，使学生的个性特点充分得到展示。在每个学年上下学期，我们统一时间举行一次全校活动。通过举办创客节、科技节，进一步丰富学校科学课程群的建设，激发学生的创造热情，激励学生进行头脑风暴，促使学生科学素质和实践能力不断提高。创客节、科技节主题活动是以学期学习内容为基础的拓展性展示，包括科学创意设计、科学微剧场、科技小制作、未来城市设计、百变吸管、炫酷纸板等，总体分为竞赛类项目和展示类项目。

（一）创客节、科技节活动的实施策略

1. 竞赛类项目。竞赛类项目包括科学知识竞赛、创客比赛。每个班根据竞赛项目的具体实施要求，依据学生自身特长报名参加，学校安排统一时间，分年级进行比赛。统一安排评委老师，根据每个竞赛项目的评价标准进行打分，最终评选出获奖班级和获奖名次。比赛的目的是激发同学们的创新意识，建立公平公正的竞赛机制，让学生拥有成功的体验及竞争的意识，同时为他们提供学习科学的课外机会。

2. 展示类项目。展示类项目包括科学创意设计、科技小制作、科学微电影、科学微剧场、未来城市、百变吸管、炫酷纸板。各年级根据展示活动的方案及具体要求，力求更多的学生参与其中。先由每班推荐优秀作品至评审组，评审组根据作品质量进行筛选，优中选优。最后，评审组根据评审标准对学生的作品进行评价，评选出获奖作品和名次。

（二）创客节、科技节活动评价要求

科技节主题活动有竞赛类和展示类。竞赛类项目根据每个项目的比赛方案和标准进行评比，根据人数比例进行奖项设置。展示类项目先根据作品的

质量进行一轮筛选，将有特色的、优秀的作品挑选出来，再增加展览的作品数量进行奖项设置，共设有一、二、三等奖。（科技节、创客节评价见表4-5）

表4-5　合肥市安居苑小学教育集团"智科学"科技节、创客节评价表

活动名称	指标体系	评价内容	评定等级（五星）
科技节创客节	组织建设	1. 章程、制度等工作组织建设 2. 有专业教师负责	
	目标计划	1. 有年度目标 2. 活动目标明确 3. 有落实目标的行动计划 4. 计划可行，科学合理	
	学生活动表现	1. 活动参与率高 2. 师生有互动，生生合作良好 3. 学生在活动中有问题意识 4. 学生在活动中学会体验和感受	
	活动记录和资料保存	1. 记录及时 2. 各种记录保存完好	

三、建设智趣、智玩、智创科学社团，激发学习兴趣

我校建设了智科学社团，安排在不同的年级，分别是针对一二年级的智趣科学社团；针对三四年级的智玩科学社团；针对五六年级的智创科学社团。社团的开设让热爱科学的学生与科学零距离接触。

（一）智趣、智玩、智创科学社团实施策略

1. 社团活动规范化、常态化。智科学社团活动每周开设一次，将实验室作为固定活动场所，由科学教师担任社团活动指导教师，社团采取双选的方式组建并展开活动，教师根据自身特长选定辅导项目，学生根据兴趣及特长选择加入社团。

2. 制订完整的社团活动计划。在全面了解教师特长和学生兴趣的基础上，结合教育资源，设计以突出趣味性、探究性和实践性的社团活动，每周提前备好课。活动过程中要及时收集、整理好过程性资料，便于进行阶段性教学评价，根据过程性资料对课程实施进行反馈，同时，保留学生作品以便于组织社团展示活动。

3. 充分利用校内外资源。社团在实施过程中充分利用校内外资源，给学

生提供丰富的探究场所及材料，鼓励学生积极探究、动手操作、主动学习。此外，当地的科技馆、地质博物馆、花卉市场、大蜀山公园等也是优质的教学资源，给学生提供更多的机会走出校园，走进大自然，走进科普场馆，边参观边学习，边探究边实践。

（二）智趣、智玩、智创科学社团评价要求

社团每学期期末进行一次评价，由学校组织教师对社团活动开展情况进行评价，评价项目有社团管理、活动开展、实践交流、教师发展、学生成长这五个方面，具体的评价标准和办法如下（见表4-6）。

表4-6　合肥市安居苑小学教育集团"智科学"社团学生评价表

课题		班级		姓名		学期			
评价项目	评价标准					评价等级			
						A	B	C	D
目标内容	1. 学生能够主动参与，主动实践。								
	2. 形成从生活中主动发现问题并独立解决问题的态度和能力。								
	3. 能够对自然和社会有整体的认识。								
	4. 培养学生具有一定的创新能力。								
	5. 使学生能够养成团结合作的良好品质。								
活动过程	1. 能根据课题需要，采用适当的组织形式。								
	2. 使学生能够亲身经历探究式学习方法。								
	3. 注重实践，丰富学生的体验。								
	4. 学生能够自主探究。								
活动效果	1. 注重实践，丰富学生的体验，发展实践能力。								
	2. 学会与人协作交往。								
	3. 使学生具有很宽的知识面。								
	4. 使学生的学习方法多样。								
	5. 探究和创新意识得到增强。								
综合评价									

注：1. 评价结果分为A、B、C、D四个等级。
　　2. A表示好；B表示较好；C表示一般；D表示尚可。

四、开展科技馆课程，延长知识深度

通过组织学生从事科学研究活动，引导学生经过一系列的科学研究过程，进一步发现科学的性质、原理，并通过自己的研究给予科学的解释，从而获取探究的乐趣，建造科学知识的深度。

（一）科技馆课程的实施策略

1. 以科学课程建设方案为依托，以学生兴趣为基础，进行小组为单位的科技馆课程。根据所开设的学习主题，创设科学研究情境，引导学生进行问题梳理，开展自主研究，并建立研究模式：确定研究主题、设计研究方案和研究过程、得出研究结论、进行研究展望。

2. 为保证科技馆课程的有效开展，促进学生合作精神和交流能力，我们采取个人活动与小组活动相结合，同时根据实际情况不断调整小组结构，以保证研究小组人员搭配的合理性。

3. 科学研究方法的指导。指导学生用科学的方法制定研究方案，以保证研究的顺利实施。例如指导学生运用科学实验法、调查研究法、文献分析法等方法进行研究。

4. 研究成果展示。用研究报告、视频、PPT等形式表达研究成果。研究成果的展示尽量采用学生自己喜欢的方式，以增强科学研究的趣味性。

（二）科技馆课程的评价方法

科技馆课程的评价是一种发展性评价，注重提升学生学习科学的兴趣，体验科学的趣味。科技馆课程学生评价如下：（见表4-7）

表4-7 合肥市安居苑小学教育集团"智科学"科技馆课程学生评价表

评价项目	评价要点	自评	组评	评价项目	评价要点	自评	组评
在活动中参与的态度	认真参加每一次活动			在活动中获得的体验	具有善于提问的良好习惯		
	努力完成自己承担的任务				有一定的责任心		
	作好资料积累和收集的工作				能对自己进行反思		
	能大胆发表自己的观点				能够实事求是地分析成果		
	活动中乐于合作，尊重他人				不怕苦不怕难积极进取		

续表

评价项目	评价要点	自评	组评	评价项目	评价要点	自评	组评
在活动中的实践能力的发展	孩子保留一定的好奇心			教师评价			
	培养学生具有一定的解决问题的能力						
	学生能够进行个性化的学习，并具有一定的收获						

综上所述，进阶式探究课程的内容设置中以基础性课程为主，拓展性学科课程为辅，二者相辅相成，共同为学生创造良好的科学学习条件。科学课程的普及，为了让学生拥有良好的学习科学的环境，鼓励学生多观察、多动脑、多动手、多提问。鼓励学生自己去探究在生活和学习过程中发现的科学问题与科学现象，并寻找答案。帮助学生树立信心，有敢创新、想创新的意识，让学生在现有的知识水平上进行大胆的创新。智科学课程的建设，坚持以学生为本，培养友善合作的精神，让学生体验和感悟科学的精神与魅力！

（撰稿者： 陈咪咪　庄春梅　田连整　吴颖　卓小方）

第五章

进阶式探究课程的实施

进阶式探究课程的实施是通过课程的精心设计，实现学生自主、合作、探究的一种手段。我们往往从生活中的现象、孩子的兴趣出发，遵循学生的思维发展进阶规律，在夯实国家课程的基础上，分低、中、高层次分别设置相应的课程。该课程旨在培养学生的深度思维，促进个体水平"阶"的发展，设计了一系列使科学思维发展的方法遵循一条连贯的、由简单到复杂的轨迹实施路径。

  《基础教育课程改革纲要（试行）》中教育部将整个中小学阶段的探究课程纳为必修课。[1] 然而，课程实施策略也存在较大的差异，针对不同学校开展的课程实施具体方法和要求还有待完善。具体体现在教材中的活动主题老套，偏向文献整理、问卷调查类居多，而动手操作类活动较少，不利于培养学生解决问题的能力；其次是课程实施多与生活脱离，缺少深入分析等。

  小学科学课程的实施在宏观上必须具有一致性和连贯性。[2] 科学教育的探索和实践表明，在课程实施中为学生提供充分的学习体验，促进其构建对核心概念的深入认知，进而形成良好的科学素养。[3] 磁性科学课程的实施充分依据学习进阶的理论：首先，内容上围绕科学领域的核心概念，将小学科学中的大概念进行融合，从"物质之源、生命之彩、宇宙之境、技术之巧、创造之幻"五个板块选择了一些"大概念"并给予相关的解释。其次，构建基于学习者视角的、清晰的"阶"，课程的实施过程横跨1—6年级，是一个持续的、可发展的过程。我们构建了磁性课堂、磁性社团、磁性科学节、磁性课程馆和磁性探究五个模块的课程。遵循学生身心发展的规律，学生对某一个主题的学习是需要经过许多个不同的中间环节。我们根据学生的年龄特征分低、中、高三个阶段分别设置相应的课程目标，有着明确的路径。学习进阶的初始点，是学生已有的知识、经验和学习方法，这部分作为课程实施的准备阶段，以学生自学查阅资料来完成知识的储备，能力的养成为实施的主要形式。学习进阶的中间水平实施是成体系、有阶梯的，这一阶段的课程实施形式是多样的。低中高阶段之间前后联系呈螺旋进阶，通过不断深化前一阶段的内容，促进对核心概念的理解，进阶的终点则是促进学生科学素养的提高。因此磁性科学课程的实施过程中，学生进阶从起点、中间、进阶终点三个层次定量地描述了学生在学习某一主题时不同的思考阶段，培养学生的深度思维，使科学思维发展遵循一条连贯的、由简单到复杂的轨迹。最后，课程均采取了区分学生水平层级的测量工具进行评价，用于监测学生在

---

[1] 刘晟，刘恩山. 学习进阶：关注学生认知发展和生活经验[J]. 教育学报. 2012，(02).
[2] Krajci KJ. The Importance, Cautions and Future of Learning Progression Research[C] // Alonzo A, Gotwals A, editors. Learning Progressions in Science: Sense Publishers, 2012: 27-36.
[3] 仲扣庄. 物理学史教程[M]. 南京：南京师范大学出版社,2017：1—3.

预期进阶路径上的发展情况。①

我们根据学习进阶理论为磁性科学课程寻找了最佳的实施模式，例如有课堂教学、社团教学、节日教学、场馆教学、探究活动教学等。课程均以自然现象、生活中的科学问题为研究切入口，遵循学生的思维发展进阶规律，进而寻找适合的实施模式，促进个体水平"阶"的发展，不仅能更好地改善孩子的学习态度，还能促进孩子开展深度学习、培养高阶思维的品质，将学习进阶理论真正地应用到课程的实施中去。②

（撰稿者： 项秀颖）

合肥市西园新村小学北校现有专兼职科学教师 6 人，一级教师 4 名，二级教师 2 名，其中一人是合肥市科学学科带头人。科学教研组老师认真开展教研活动和备课活动，通过听课、说课、磨课等活动，以及借助各类赛事，带动新教师共同发展。多年来，学校多次组织并带领学生在全国、省、市级科技创新大赛中屡获佳绩，并形成了一套长期的、具有学校特色的磁性科学课程体系。

---

① 中华人民共和国教育部. 义务教育小学科学课程标准（2017 年版）[S]. 北京：北京师范大学出版社, 2017：1—2.

② 中华人民共和国教育部. 义务教育小学科学课程标准（2017 年版）[S]. 北京：北京师范大学出版社, 2017：3—4.

第一节

把握核心，健全科学体系促全面发展

一、学科性质

《义务教育小学科学课程标准（2017版）》指出：小学科学是一门基础性课程、实践性课程、综合性课程。[①] 在夯实国家小学科学课程基础上，磁性科学学科课程发挥学校周边社会资源，联系物质科学、生命科学、地球与宇宙科学和技术与工程科学等四大领域的中心原理，设计了一系列趣味化、生活化、有实践价值的科学实验和科技实践活动的课程。在磁性课程的学习中，学生经历科学探究的过程，初步认知与自身的水平相适应的科学知识；培养学生认真思考的习惯，应用比较、分类、分析资料、得出结论等方法，能够利用科学知识和科学方法初步理解和解决身边某些简单的实际问题；学生具有对自然界强烈的好奇心，对生活中知识的创新意识、对自然环境的保护意识，为自身以后的学习、生活以及终身发展奠定良好的基础。将在小学科学课程的基础性、实践性、综合性学科性质基础上，体现体验性、探究性和创新性。

（一）体验性

该课程通过调查、实验、制作等一系列科学探究活动，吸引学生主动实践，培养他们探究身边科学的兴趣，在实践中强调学生去体验和积累认知世界的经验，从而强化学习能力，塑造良好的科学态度。

[①] 中华人民共和国教育部. 义务教育小学科学课程标准（2017年版）[S]. 北京：北京师范大学出版社，2017：6.

（二）探究性

学生通过该课程的学习，掌握科学基础知识，引导他们在实践中探究（即做中思），在具体的探究活动中培养学生观察、比较、分析等科学思维能力，联系身边的科学现象来解决实际生活中的问题，满足学生求知欲。

（三）创新性

在多学科互动、整合的课程中，提升学生的综合能力，培养他们敢于创新、乐于创新的意识，让学生积极地发现实际生活中的科学道理，认真地运用所学的知识去尝试着解决问题，在不断地创新中提升学生的科学素养。

二、学科课程理念

该课程在不断的教学实践中，基于学科特性，我们将科学学科的核心概念确定为：磁性科学，让科学课程因质疑互动而精彩，因求是探索而创造。磁性科学是来自于对磁场的认识，磁体之间以磁场作为媒介，同时对具有铁磁性的物质具有强大的吸引作用。该课程就希望建立循序渐进的知识框架，让趣味的科学实践深深地吸引着学生，学生在学习中产生强大的辐射力，影响着学生间的互助成长，影响着学生个体的终身发展。我们提出了磁性科学学科的四大课程理念：

1. 磁性科学是儿童的科学。磁性科学的磁性，它是有磁场的——学生。该课程的设置必须以儿童为中心。学习与发展的主体是学生，小学生对生活和社会具有强烈的好奇心和求知欲，这是学生进行学习的强大动力。[①] 因此磁性科学强调要充分调研当前儿童认知水平，根据儿童的认知基础、能力基础来设计本学科课程的学习方法和学习内容，儿童兴趣体验、项目式学习等多种课程组织形式和活动方式上，激发儿童对科学的兴趣，培养儿童科学学科核心素养，促进儿童全面发展。

2. 磁性科学是实践的科学。磁性科学的磁性，它是有方向的——让学生在实践中成长。在教师引领下，学生参加观察、实验、制作、调查等科学实践活动。在科学实践中引导学生发现科学的本质，建立科学思想，具备科学

---

① 中华人民共和国教育部. 义务教育小学科学课程标准（2017年版）[S]. 北京：北京师范大学出版社，2017：9.

精神，并有处理解决实际问题和参与社会事务的能力。学生持续保持对自然生态系统的好奇心和探究热情，形成与大自然和谐共生的绿色生态的生活方式。

3. 磁性科学是探索的科学。磁性科学的磁性，它是有吸引力的——探究未知世界。学生作为磁性科学课程的学习主体，探究式学习是本课程的重要实施方式。学生以发现并提出问题为起始环节，体悟分析问题，最终解决问题。一个个问题，一次次吸引，一场场经历，学生在思考和解决问题中开始体验自己的科学探索之路。

4. 磁性科学是精彩的科学。磁性科学的磁性，它是互动的、连续的、充满张力的、也是具有穿透力的——精彩体验，创造奇迹。磁性科学的课程在互动中呈现科学探索的美丽，展现着科技创新的精彩，更彰显着科学精神的永恒。课堂上，学生积极发表自己的见解；倾听和理解别人的意见；勇于完善自己的观点；运用批判性思维来大胆质疑并追求创新。

第二节

多元建构，书写思维提升的崭新篇章

为了培养学生的科学素养，提升学生进阶思维，让学生学会思考并利用思维去解决问题。《义务教育小学科学课程标准（2017版）》科学学科课程的总体目标从科学知识目标、科学探究目标、科学态度目标以及科学技术、社会与环境目标四个维度进行阐述。

一、学科课程总体目标

（一）科学知识目标

掌握符合年龄特点和认知水平的科学知识，熟悉科学学科核心概念，了解周围环境中相关的科学现象，认识事物的主要特征，并在日常生活中感受科技发展给人们生活带来的巨大改变。

具体知识目标有：了解生物体的主要特征，知道生物体的生命活动和生命周期；认识人体和健康，以及生物体与环境的相互作用；了解太阳系和一些星座；认识地球、月球的面貌，了解它们的运动规律；通过车辆航模等模型搭建和操作，了解车辆、航海、航空航天知识，了解物质的基本性质和基本运动形式，认识物体的运动、力的作用、能量、能量的不同形式及其相互转换；认识人类与环境的关系，知道地球是人类应当珍惜的家园；了解技术是人类能力的延伸，技术是改变世界的力量，技术推动着人类社会的发展和文明进程。[1]

---

[1] 中华人民共和国教育部. 义务教育小学科学课程标准（2017年版）[S]. 北京：北京师范大学出版社，2017：12—13.

（二）科学探究目标

科学探究是获取科学知识的重要途径。具体探究目标有：了解科学探究是获取科学知识的主要途径，是通过多种方法寻找证据、运用创造性思维和逻辑推理解决问题，并通过评价与交流等方式达成共识的过程；知道科学探究需要围绕已提出和聚焦的问题设计研究方案，通过收集和分析信息获取证据，经过推理得出结论，并通过有效表达与他人交流自己的探究结果和观点；能运用科学探究方法解决比较简单的日常生活问题；初步了解分析、综合、比较、分类、抽象、概括、推理、类比等思维方法，发展学习能力、思维能力、实践能力和创新能力，以及运用科学语言与他人交流和沟通的能力；初步了解通过科学探究达成共识的科学知识在一定阶段是正确的，但是随着新证据的增加，会不断完善和深入，甚至会发展变化。①

（三）科学态度目标

科学态度包含学生对事物的好奇心、尊重实证、批判地思考等方面。具体态度目标有：对自然现象保持好奇心和探究热情，乐于参加观察、实验、制作、调查等科学活动，并能在活动中克服困难，完成预定的任务；具有基于证据和推理发表自己见解的意识；乐于倾听不同的意见和理解别人的想法，不迷信权威；实事求是，勇于修正与完善自己的观点；在学习中运用批判性思维大胆质疑，善于从不同角度思考问题，追求创新；在科学探究活动中主动与他人合作，积极参与交流和讨论，尊重他人的情感和态度。②

（四）科学、技术、社会与环境目标

了解科学技术的发展，了解科学与技术、科学与社会、技术与社会之间的互动关系。具体科学、技术、社会与环境目标有：初步了解所学的科学知识在日常生活中的应用；初步了解人类活动对自然环境、生活条件及社会变迁的影响；了解社会需求是推动科学技术发展的动力；了解科学技术已成为社会与经济发展的重要推动力量；初步了解在科学技术的研究与应用中，需要考虑伦理和道德的价值取向，热爱自然，珍爱生命，具有保护环境的意识

---

① 中华人民共和国教育部. 义务教育小学科学课程标准（2017 年版）[S]. 北京：北京师范大学出版社，2017：14—15.
② 中华人民共和国教育部. 义务教育小学科学课程标准（2017 年版）[S]. 北京：北京师范大学出版社，2017：62.

和社会责任感。

二、学科课程年级目标

学科课程年级目标依托教科版《科学》教材和《义务教育小学科学课程标准（2017版）》，结合义务教育阶段学生的身心发展特点，我们整合了国家课程学段目标设置了磁性科学课程分段具体目标（见表5-1、5-2、5-3）：

表5-1　合肥市西园新村小学"磁性科学"课程低年级分段目标

		领域目标	磁性科学课程目标
低年级一二年级	物质之源	1. 观察描述常见物体的基本特征。 2. 意识到水资源的缺乏和保护环境的重要性。	1. 认识地球上水的存在有液态的水，固态的冰和气态的水蒸气。 2. 了解地球上的重要资源是水，被人们称为生命的摇篮，渗透对学生的情感教育。 3. 科学使用测量工具——量筒来测水的体积，在使用中培养学生严谨的使用仪器的习惯。 4. 在生活中有爱护水，节约用水的意识。
	生命之彩	1. 认识身边经常见到的生物，能简单描述其外部主要特征。 2. 对科学现象和自然现象感兴趣。 3. 珍爱生命，保护动植物。	1. 能说出常见的农作物，对农作物的种植有一定的了解； 2. 了解常见动物的形态及生活习性；能够尊重动物、爱护动物。 3. 关注农业用具的演变和使用介绍。
	宇宙之境	1. 了解一些与月球、地球、太阳灯等自然现象。 2. 了解天气对人类生活的影响。 3. 了解土壤对人类生活的影响。	1. 了解太阳月球的基本知识和自然现象。 2. 能识别常用的天气符号，看懂简单的天气图； 3. 会用风向标看懂风向； 4. 关注天气，能依据天气做好相关穿衣，出行，防晒准备，体会到天气与人们的生活息息相关。
	技术之巧	1. 了解周围的世界。 2. 了解常用工具及简单工具的功能和用法。 3. 使用周围加工的材料和简单工具来完成简单的任务。	1. 紧跟科技前沿，了解人工世界中某一项工程的发展进程。 2. 知道常见工具的样子及名称。 3. 说一说家里厨房的做饭工具。 4. 能够使用套材完成一份搭建作品和利用身边材料，尝试设计并搭建一个建筑类的作品。
	创造之幻	1. 能说出生活中常见的科技产品。 2. 体会人类生活与科技的联系。	1. 了解合肥市科技馆和创新馆先进的科学技术。 2. 能够利用多种科技产品解决同一件事。 3. 能够在众多的科技产品中，挑选并尝试组合，来完成一项设计。

表5-2 合肥市西园新村小学"磁性科学"课程中年级分段目标

		领域目标	"磁性科学"课程目标
中年级 三四年级	物质之源	1. 知道冰、水、水蒸气在形状和体积方面的区别。 2. 知道空气具有质量并占有一定的空间，空气会充满各处。 3. 知道空气的流动是风形成的原因。 4. 识别日常生活中的能量。	1. 知道水的毛细现象和表面张力，并通过动手实验，认真观察来获取相关信息。 2. 感知空气能占据一定的空间，并能用多种方法证明空气的存在。 3. 说出能量有不同的表现形式，初步学习能量在自然界各种转化。 4. 知道一些常见的天气现象和天气符合，能独立制作天气日历。 5. 通过设计实验，观察和记录风向和风速、降水量。
	生命之彩	1. 列举当地的植物资源，尤其是与人类生活密切相关的植物。 2. 了解植物简单的生活史。 3. 列出动物通过各种感官认知环境。 4. 简要描述人体用于摄取养分的器官。	1. 能够把花分为完全花和不完全花； 2. 认识并将校园内的花进行分类； 3. 描述调查区动植物的种类和情况，了解珍稀动物的保护情况和有关条例，提出一些保护建议； 4. 通过实验模拟食物在身体各个器官的消化情况。
	宇宙之境	1. 了解月亮是地球的天然卫星，并用图画画出月亮形状的变化规律。 2. 知道地球表面海水和陆地的分布情况。 3. 知道地球表面有河流、湖泊等水体类型。	1. 了解月球诞生的历史，感受浩瀚宇宙的神奇。 2. 说出月球地形及形状，体积、质量的相关知识，对月球探索充满热情。 3. 知道一些简单的地理常识，并应用其解释一些现象。
	技术之巧	1. 对于一个特定的任务，按照师生探讨的基本步骤来设计完成。 2. 在生产过程中及完成后进行相应的改进和提升。	1. 知道航模的拼装与调试，简要描述其运动过程中运用的科学知识。 2. 对设计的想法、草图、模型等小组讨论提出修改建议，并说明原因。
	创造之幻	1. 对工程技术、制造技术、生物化学技术、能源技术的产品有一定了解。 2. 了解工程设计的基本步骤，包括选定问题、明确方案、改进方案等。	1. 了解"未来之城"的项目，体验提出问题、确定方案、设计制作、改进完善的过程。 2. 认识一些建筑材料，知道城市规划的基础知识。 3. 关注社区中的建筑，描述一些建筑中蕴藏的结构、设计和功能。

表5-3 合肥市西园新村小学"磁性科学"课程高年级分段目标

		领域目标	"磁性科学"课程目标
高年级五六年级	物质之源	1. 简单认识空气的主要成分。 2. 体会是人类的活动造成了水的污染。 3. 描述污水处理的简单流程，有保护水资源的认识。 4. 知道重新回收利用垃圾是减少垃圾排放的重要方法之一。	1. 对污水处理有更深的认识，能说出具体的处理方法。 2. 知道设计简单的污水净化模拟实验。 3. 调查当地的废品回收情况，参与变废为宝的活动。 4. 通过参观环境监测站，加深对人与环境关系的认识，增强环保的主人翁意识。
	生命之彩	1. 对常见的植物进行简单的分类。 2. 认识到人与自然环境应该和谐相处。	1. 认识一些濒危物种，并知道最适宜的保护方式。 2. 通过制作一个生态系统，了解生态系统的组成成分。 3. 坚持对生态瓶里的植物、动物及水质进行管理和观察记录。 4. 会使用显微镜，观察并记录一些简单的生物。
	宇宙之境	1. 会描述地球的自转和公转的周期、方向。 2. 描述月球、地球和太阳的相对大小和相对运动方式。 3. 知道海洋为人类提供了丰富的资源。	1. 感受人与自然和谐共生的关系。 2. 说出人类活动和地球环境的联系。 3. 描述月球的地形特征、形成假说。 4. 知道人类探索月球及宇宙的历程。
	技术之巧	1. 知道发明很多来源于生活中的原型。 2. 了解工具为我们的生活带来的便利。	1. 尝试制作一些科学小发明、小创造。 2. 利用简单的实验材料完成感兴趣的科学小实验。 3. 知道"磁铁"的性质，并制作相关的小工具。
	创造之幻	1. 利用图片、视频和文字，表达自己的创意与构想。 2. 把你的简单想法变成模型或对象。 3. 能从经济、社会、环境等方面来提出改进和完善建议。	1. 基于"未来之城"的项目式学习，会提出问题、制定计划、讨论解决方案、进行模型搭建。 2. 小组合作，将自己的想法和同伴进行交流，乐于探究，勤于动手。 3. 关注社区，了解社区的科普活动和文明建设，并参与其中。 4. 运用科学DV的方式表达自己的想法。

学科课程目标在学科总体目标的基础上，结合磁性科学课程的特征，从物资之源、生命之彩、宇宙之境、技术之巧、创造之幻五个方面制定了具体的目标，根据学生的年龄特征，从低年级到中年级，直至高年级实现螺旋式的提升。

第三节

形成磁场，构建精彩纷呈的课程结构

磁性科学学科课程是国家课程基础上的衍生，是基于学生年龄特点、教师专业与特长、社会优质资源等现状，按照科学核心素养要求的维度，拓展研发的一系列课程。本课程目的是为了培养学生的科学素养，并满足学生各方面的发展要求，为他们全面发展和终身学习打下良好基础。

一、学科课程结构

磁性科学课程设置了物质之源、生命之彩、宇宙之境、技术之巧、创造之幻等五个板块，为学生科学素养的建构提供全面、丰富的课程资源。合肥市西园新村小学磁性科学具体课程结构图如下图（见图5-1、5-2）。

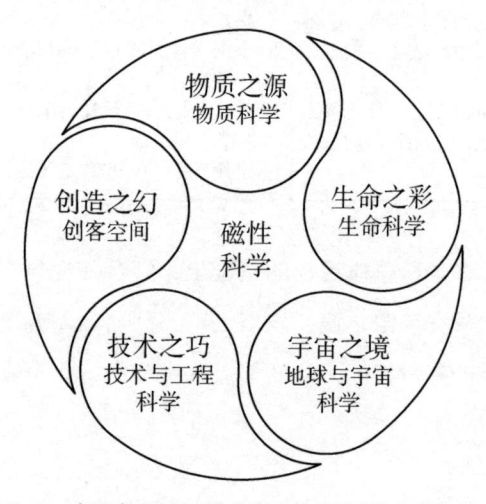

图5-1　合肥市西园新村小学"磁性科学"课程板块图

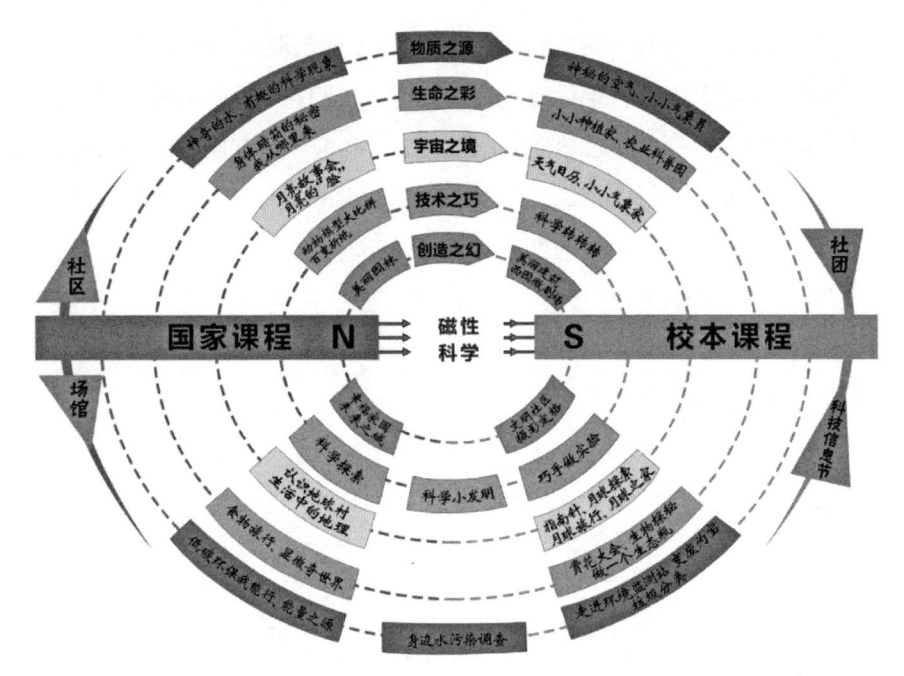

图 5-2　合肥市西园新村小学"磁性科学"课程结构图

物质之源——课程内容主要为物质科学领域。主要依托对生命之源——阳光、空气、水的深入探究，引领学生了解常见的物质变化，知道不同能量之间的转换，增强学生对物质世界的新鲜感，培养学生科学思维，形成健康的生活方式。

生命之彩——课程内容主要为生命科学领域。通过开展种植、养殖、探秘自我等活动，指导学生对动物、植物、微生物以及人类（学生）身体进一步探究，多途径了解珍稀生物和濒危生物，了解我们的成长过程，在此学习过程中，掌握科学的观察、比较、记录等方法，来激发学生热爱大自然、珍爱生命。

宇宙之境——课程内容主要为地球与宇宙科学领域。通过对地球、月球、星空、气象等现象或物体的观察，引起学生对地理知识的好奇，提高他们的空间架构能力。

技术之巧——课程内容主要为技术与工程领域。通过借助身边的物体，设计与实验，探究生活中的科学，为问题的解决打好基础。

创造之幻——课程内容主要为创客空间领域。通过多学科融合的手段，开展西园小社区、科学DV、未来之城等项目式学习，培养学生综合运用所学知识和能力，进行设计、制造或改进，培养学生的创造性思维能力。

磁性科学课程与国家课程是相辅相成的，它们拥有共同的培养目标，承担着不同的课程任务，实现不同的课程价值，从各个角度促进学生的身心发展。该课程形成了强大的磁场，以物质之源、生命之彩、宇宙之境、技术之巧、创造之幻五方面的课程内容为载体，设计丰富多彩的校本特色课程，展现了科学对学生强大的吸引力。

二、学科课程设置

依据磁性科学的结构，遵循低中高不同年龄段学生成长的需要和认知规律，学校从上、下学期设置了磁性科学课程。具体设置如下表（见表5-4）。

表5-4 合肥市西园新村小学"磁性科学"课程设置表

年级	内容	物质之源	生命之彩	宇宙之境	技术之巧	创造之幻
一年级	上学期	神奇的水1	身边的动物	月亮故事会	动物模型大比拼 科技动手做之建高塔	西园小社区 （美丽园林）
	下学期	有趣的科学现象	农业科普园	天气日历		
二年级	上学期	垃圾分类	身体暗箱的秘密	月亮的"脸"	百变折纸 科技动手做之建高塔	
	下学期	低碳环保我能行	我从哪里来	小小气象家		
三年级	上学期	神奇的水2	小小种植家	月球探索1	科学转转转 科技动手做之航模达人	西园小社区 （美丽建筑） 未来之城 （初级）
	下学期	能量之源	食物旅行	指南针		
四年级	上学期	神秘的空气	赏花大会	生活中的地理	科学探索 科技动手做之航模达人	
	下学期	小小气象家	生物探秘	月球探索2		
五年级	上学期	身边水污染调查	濒危生物大搜索	认识地球村	科学小发明 科技动手做之神奇磁铁	西园小社区 （幸福家园） 未来之城 （高级）
	下学期	走进污水处理厂	做一个生态瓶	月球旅行		
六年级	全学期	走进环境监测站 变废为宝	显微奇世界	月球之家	巧手做实验 科技动手做之形态各异的桥	西园小社区 （文明社区） 摄影定格 （科学DV） 未来之城 （高级）

第四节

多元课程，绘制
百花齐放的学习图景

根据《义务教育小学科学课程标准（2017版）》的实施建议中提出要将科学素养的培养作为课程实施的最高准则，教师要为学生提供多样化的学习机会，多开展动手动脑的活动、探究式学习，突出学生的主体地位，在教学资源方面应充分利用校园内的一些活动场所、设施和开发校外的丰富的社会环境作为学科课程的有效资源。因此我校在磁性科学实施中，确定了四个实施目标，即落实国家课程目标，夯实磁性科学基础；搭建科学实践平台，丰富磁性科学活动；制定弹性量表，拓宽磁性科学评价维度；完善综合反馈，巩固磁性科学教育成果。在此目标的指导下，磁性科学的教学从以下四个方面开展。

一、构建磁性课堂，提升学习内驱力

磁性课堂是在国家课程基础上的以学生实践中探索为主的拓展课堂，它充分体现以学生为中心，学生自主提出问题，小组合作讨论方案，教师仅起到引导、点拨和答疑的作用，保护孩子的好奇心，最终成为学生喜爱的、有磁性的课堂。以国家教材教科版小学科学为依托，规划了包括物质之源、生命之彩和宇宙之境的三个板块的内容。其中，物质之源围绕水、垃圾、能量、空气等核心概念进行设计，生命之彩围绕动物、植物、微生物等核心概念进行设计，宇宙之境围绕月球、地球、天气等核心概念进行设计。

（一）磁性课堂的实施策略

磁性课堂挑选了部分核心概念为抓手，由此引申拓展为相应的课程，是对教材的一个补充。实施的过程中，我们以课例为载体，针对某一个核心概

念，以实验探究为主，贯穿 1—6 年级进行课程的设置，其学段目标呈进阶式，打造一套有吸引力的课堂。具体实施主要包括以下二种方式：

1. 磁性课堂与生活结合。围绕与生活相关的主题，开展一系列活动。以水为例，在教材的基础进一步开展测量水的温度，通过生活中的实例观察水的三态变化并描述以上变化的特征。

2. 磁性课堂与多学科融合。通过多学科的融合，让学生认识到自然现象和解决问题是多维度的、需要借助不同领域的知识和方法。以月亮主题为例，低年级开展了月亮故事会、月亮的脸，通过和语文阅读的融合，让这种课堂更有趣。高年级进行的月球探索，综合了语文、数学、物理、地理等多学科知识，让课堂更富有挑战。

（二）磁性课堂的评价标准

教学和评价是课程实施的两个重要环节，磁性课堂的评价也做到了主体多元、方式多样。下面是磁性课堂评价量表（见表 5-5）。

表 5-5 合肥市西园新村小学"磁性科学"磁性课堂教师评价表

班级		授课时间		授课地点		分值	得分
执教者			课题				
评价维度	教学目标	结合实际、难易度、具体明确、有层次、可操作、可检测。				10	
	教学内容	1. 内容选择合理，提供多种课程资源。 2. 教学结构有层次，重难点突出。 3. 内容紧密联系生活实际。				20	
	活动表现	1. 以探究式学习为主体活动，有充足的活动时间。 2. 能运用感官及恰当的工具进行观察、比较、测量和记录。 3. 能利用证据进行分析判断得出结论。 4. 善于交流，对别人的观点大胆质疑。				40	
	学习效果	1. 能完成学习目标，有收获。 2. 能完成探究活动，思维活跃，有见解，敢质疑。 3. 体现科学素养。				30	
评课意见							
总评							
备注：总评分为优秀（＞90）、良好（80—89）、合格（70—79）和待努力（＜70）四个等级							

二、立足磁性社团，展学科课程之翼

磁性社团是学校根据学生的兴趣特点、师资配备、周边资源等，通过广泛调研、征求意见之后甄选而出。社团课程辅导教师的选择是根据教师的个人特点和学科特长，分析社团课程的性质和实施重难点，在经过反复推敲和比对的基础上，在尊重教师个人意愿的前提下确定的。社团课程的学生成果是多样展示，张扬个性、鼓励特长发展，一定区域范围内的交流和展示拓宽学生的视野和增强学生的自信。

（一）磁性社团的实施策略

磁性社团注重家校互动，寻求合力。通过发致家长的一封信，信中包括该课程的目的和计划，为孩子提供喜欢的课程，并在参与、体验的过程中，给予孩子适切的帮扶和指导。因社团课程是面向部分孩子的选修内容，人员选择方面实行双向选择，各取所需。学生一旦选修社团课程，实行一系列学段目标进阶式提升的课程，就会让学生真正地学到专业本领，提高科学素养。

学生们对磁性社团兴趣较高，社团规模也不断壮大、日益丰富，磁性科学社团已然成为学生发展个性特长、提升学生学科素养的一片新天地。下表是磁性社团课程安排（表5-6）。

表5-6 合肥市西园新村小学"磁性科学"磁性社团课程安排表

学年段	课程名称
一年级 二年级	小小建筑师
	小小航模社
三年级 四年级	科学转转转
	科学探索 小小种植家
	科学DV
	科普剧社
五年级 六年级	小发明
	航模小能手社团
	数码摄影
面向一至六年级的社团	科技动手做、科幻画、"日日赏月"天文社

（二）磁性社团评价标准

教师重点评价的是学生是否感兴趣正在进行的探究活动；学生在活动上的投入是否足够多；学生是否有合理的思维；学生的学习目标与自我认知水平是否存在差距；学生是否有学习上的拦路虎等。教师对学生进行评价时，为了提高评价效度，给予学生展示和汇报的机会。对学生评价的常用方法有：谈话、提问、小组讨论、实验操作、实验记录、实验报告等。学生自评的重点是是否认识学习的任务和目标；是否在学习上有强烈的动机；是否有合理的学习方法；是否对自己的学习效果满意。（具体社团评价内容详参见表5-7）。

表5-7 合肥市西园新村小学"磁性科学"磁性社团评价表

评价内容	评价结果	
	自评	辅导教师评
1. 你对自己在社团活动中的角色清晰吗？		
2. 能说出参加的社团活动的目标		
3. 敢于提出活动的想法和建议		
4. 积极参加社团活动		
5. 活动中出现的问题，你能通过自己的努力来解决		
6. 活动记录完整		
7. 作品（实验、结果）		
8. 乐于助人，善于倾听		
9. 能够与别人交流合作		
10. 填表说明：A 优秀 B 良好 C 合格 D 不合格，请在评分栏打"A、B、C、D"			
11. 活动的哪一个环节对你印象深刻？写出环节的内容（或体会）			
12. 你对社团课程还有什么看法？			

三、开展磁性科学节，扬信息特色之帆

磁性科学节是在特定的节日为契机展开的，为普及科学知识、增强学生学科学的兴趣、提高学生应用科学和信息的能力而展开的活动。科技节课程都会围绕一个主题展开探究，包含与主题相关的知识的学习、应用和创新。

课程主要分为科技知识普及、科技创新实验、科技知识竞赛、科技成果展示四个模块。让学生在科学节的气氛中感知科学的魅力，在竞赛活动中提高科学素养。

（一）磁性科学节的内容及实施

本课程适用于全校学生，采取每学年一次，每次为期两周的形式展开。每学年都将确定一个科技主题，围绕该主题进行相关活动探究。其实施原则以科学知识为主导，综合其他学科知识进行前期渗透教学，学生来完成选材的搜集整理、演绎讲解、改造创新等探究过程。教学资源主要为互联网、图书馆、媒体资源。实施手段采用启发式教学、合作探讨、游戏竞赛及展示分享四种。具体实施方法如下：

1. 启发讲授。一是利用晨午检、班队课等课堂，给学生普及科学知识，教师在日常教学中注重引导学生观察发现相关科技知识在生活中的应用及现象，激发学生探究的欲望。二是采取把知识带进来的做法，请相关科技知识领域的专家进入校园，以身边的现象为切入点，为学生讲解科技原理、功能效果，让学生对科技知识有更全面的了解。三是依据小学生生理发展特点，将抽象知识具象化、书面概念直观化，通过视频、话剧等形式普及相关科技知识，让学生在有声有色、有形有彩的世界里趣味化地学习相关知识内容。四是创造学科学、用科学的浓郁科普氛围，通过学校红领巾广播台、电子屏幕、专题班会课等多种多样形式对学生进行科学技术教育，让科技意识从小植入学生心中。

2. 合作探究。学生以小组为单位，观察发现家庭生活及校园生活中一些常见的小问题，教师引导启发学生搜集相关的科技知识资料，思考制定解决方案，依据解决方案进行实验探索，在学生实验探究的过程中教师可以从旁协助指导，最终可以利用科技知识进行创新发明解决问题。

3. 游戏竞赛。利用课余时间分层开展，学生以小组为单位，每组 3—5 人，利用常见的材料制作完成，根据游戏项目的规则首先在班级内进行竞赛。如电脑作品大赛主要面向三至六年级学生，可以利用电脑绘图、趣味编程、动画制作、多媒体编辑、网页制作等软件将相关科技知识以电脑绘画、电脑动画、电子刊、视频、网页等形式展示分享。

（二）磁性科学节的评价标准

根据磁性科技节评价量表，设立班级集体奖和学生单人奖。其中，一等奖人数占20％，二等奖人数占30％，三等奖人数占50％（见表5-8）。

表5-8　合肥市西园新村小学"磁性科学"磁性科学节评价量表

评价内容	评价结果	
	自我评价	教师评价
1. 积极参加科技信息节的活动课程		
2. 在参与过程中获得了对科学、对生活新的认知		
3. 在参与过程中获得了动手体验、操作实践的机会		
4. 参加的项目，获得好评		
5. 作品有新意、有科学性		
6. 主题明确，内容完整		
7. 程序流程运行，指令高无BUG，角色、变量等准确易读，程序可读性强		
8. 通过科技小制作、科学实验展示、电脑绘画作品、网页、电子报刊等多种形式展示，过程性评价的资料是否齐全		
9. 最喜欢的活动课程是哪一项？写出项目名称		
10. 最不喜欢的活动课程是哪一项？写出项目名称		
评价说明：　A 优秀　B 良好　C 待努力，请在评分栏打"A、B、C"		

四、建设磁性课程馆，激发学生探索热情

磁性课程馆是指积极和周边各家科学技术单位建立长期的合作与协作并开展适合小学生的活动，如参观合肥市科技馆和竹荫里社区活动室，研学游和举办科学论坛等，极大地激发了学生学习科学的热情，同时也促进了科学素养的提高。

（一）"磁性课程馆"的实施策略

场馆课程从听、说、行三个维度开展，课程内容设计丰富，形式多样，符合小学生的特点。主要有以下3个方面：

1. 听——开设科学讲座。分别开设专题讲座，邀请专家、学者前来讲座，给学生讲述先进的科学技术和科学成果；举办名师讲堂。小学科学名师

参与活动和讲座，带领学生动手设计一件有意义的作品。

表 5-9　合肥市西园新村小学"磁性课程馆"之听——科学讲座评价量表

评价内容	评价结果	
	自我评价	教师评价
1. 积极参加科学讲座的活动课程		
2. 能说出科学讲座的主题和相关内容		
3. 认真聆听，并敢于提出科学讲座的想法和建议		
4. 科学讲座记录完整		
5. 科学讲座对个人的认知有一定提升		
6. 对后续学习有兴趣、有信心，愿意主动学习相关内容		
填表说明： A 优秀　B 良好　C 合格　D 不合格，请在评分栏打"A、B、C、D"		
7. 科学讲座的哪一个环节对你印象深刻？写出环节的内容（或体会）		
8. 科学讲座对你的最大收获是什么，对未来举办科学讲座还有什么建议？		

2. 说——举办科学论坛。开设小科学家论坛。鼓励引导优秀少年之间开展合作交流，形成各类笔友会、博友会；定期举办多种演讲赛事。在低中高学段开展各类主题鲜明、形式多样的故事会、演讲会、辩论赛，校内电脑作品制作比赛、开办毕业季——致我的母校班级 DV 制作大赛，培养和发展学生演讲的能力，增进师生的感情。

表 5-10　合肥市西园新村小学"磁性课程馆"之说——举办科学论坛评价量表

评价内容	评价结果	
	自我评价	教师评价
1. 积极参加科学论坛的活动课程		
2. 能说出科学论坛的内容		
3. 针对科学论坛内容敢于提出自己的想法和建议		
4. 在交流过程中，能清晰地阐述自己的观点，思维有条理，提出有独创性的问题		
5. 善于倾听、理解他人的观点，能很好地与人沟通		

填表说明： A优秀　B良好　C合格　D不合格，请在评分栏打"A、B、C、D"
最喜欢科学论坛的哪一个活动对你印象深刻？写出活动的内容（或体会）
科学论坛对你的最大收获是什么，对未来举办科学论坛还有什么建议？

3. 行——亲历科学活动。一是开发行走科学教育活动：学校充分利用高校实验室、市科技馆等现有科技资源，亲身体验一个个科学现象发生，认真思考现象背后的科学道理，从而引导学生热爱科学，为科学教育提供有益的补充；二是组织热爱科学主题教学：学校组织高年级段学生参观合肥市垃圾填埋场，了解生活中的科学，并开展"我为合肥市垃圾处理献一策活动"；三是三十岗瓜牛公园一日研学：以结合优势资源为基础，培养学生自理能力、团结合作能力、社会参与三大方面能力，完成研学课题，获得自我成长，实现核心素养的提升。

表5-11　合肥市西园新村小学"磁性课程馆"之行——亲历科学活动评价量表

评价内容	评价结果		
	自评	小组评	教师评
1. 了解场馆的背景、主题，说出参观研究的内容和意义			
2. 为参加本次活动，做了充足的准备			
3. 能积极参加各项体验活动			
4. 科学活动中出现的问题，能通过自己的努力来解决			
5. 科学活动过程记录完整			
6. 科学活动课程作品（日记、绘画）			
7. 在活动中乐于助人，善于倾听			
8. 在活动中能够与别人交流合作			
填表说明： A优秀　B良好　C合格　D不合格，请在评分栏打"A、B、C、D"			
参加场馆中我最感兴趣的是什么？有什么收获或体会？			
我对科学活动课程还有什么看法？			
我打算以后怎样继续研究我感兴趣的内容			

（二） 磁性课程馆课程评价

磁性场馆课程的评价主要根据学生在活动中的阶段表现，结合活动资料的准备、参与活动的积极性、活动结束后资料的汇总与整理和活动后的心得感悟、作品收集，划分等级进行评比，以师评、自评方式对参与的场馆课程的效果进行评估（见表5-12）。

表5-12 合肥市西园新村小学"磁性科学"磁性课程馆活动评价表

主题			
目标			
组长		组员	
评价项目	评价要求		评价分数
活动态度	有较高的热情和兴趣，能够认真完成活动任务（10分）		
资料整理	搜集各类资料，有较完整的材料（10分）		
活动过程	参与积极性高，活动中有团队意识，文明出行（40分）		
活动反馈	活动后感悟深刻，认真填写活动记录，并完成各项作品（研学报告、绘画、摄影作品、小制作等）（40分）		
综合评价			

五、创立磁性探究，寓学生情感教育

磁性探究是指教师引领学生走出课堂，在学校附近的社区内以探究的形式，将课程衍生到社区去开展各项公益活动，通过这样的探究进一步增进学生对社会生活和社会环境的认识，极大地丰富学生的科学知识，同时培养学生的主动性、主人翁意识、创新意识和创造能力，形成无私奉献的态度，还可以增进学校与社会的密切联系，最终提升学生的思维品质和建立为社会贡献一份力的主人翁责任感。

（一） 磁性探究的课程内容及实施

西园小社区课程内容丰富，形式多样，主要包括美丽园林、美丽建筑、幸福家园和文明社区四个模块的内容：

1. 探究之美丽园林。为有效地促进学生接触社会、了解社会，学校配合合肥市蜀山区三里庵街道竹荫里社区，组织学生以小组活动形式，参加社区环境保护，将自己学习的科学知识用于社会实践。1—3年级学生开展植物大搜索活动，让学生对竹荫里社区里的多种植物近距离地观察并记录，学习课本上有的物种，同时了解课本上没有的物种，认识到要保护多样性的植物，爱护美丽的社区；4—6年级学生开展动物大搜索活动，让学生对竹荫里社区里的多种动物近距离地观察并记录，比如树上的各种鸟类和昆虫，水边上的各种昆虫等，认识到要保护多样性的动物，爱护美丽的社区，为保护美丽园林社区提供自己的一份力量。

2. 探究之美丽建筑。为深入有效地促进学生参与社会、服务社会，学校配合合肥市蜀山区三里庵街道竹荫里社区，组织学生以集体形式，参加社区的服务工作。1—3年级学生以小组活动的形式，在老师的带领下参与交通秩序维护等活动，让竹荫里社区本来狭小的街道，更加合理地停放车辆，让小区有更美的交通环境。4—6年级学生考察公共建筑的承重能力设计，主要是横梁的抗弯曲能力，同时开展小小建筑师的活动，让学生既复习巩固了课本的知识，又让科学来源于生活，又回到生活中，大大提升了学生的科学实践能力。

3. 探究之幸福家园。学校配合合肥市蜀山区三里庵街道竹荫里社区，带领学生社团多方面深入社区的活动，加深学生对社区活动的了解。1—3年级学生以兴趣社团的形式，有幸参加社区剪纸、绘画等活动课程，并定期进行主题展览，如"珍爱生命、远离毒品""垃圾分类，让城市更美好"等；4—6年级学生发扬乐于助人精神，在社区地开展科普咨询、科技小发明展览等活动，深入社区向居民宣传科学知识。

4. 探究之文明社区。近年来，合肥市蜀山区三里庵街道竹荫里社区先后被中央文明委评为全国文明社区。学校组织学生分年级，以学习共同体的形式走进社区。1—3年级学生开展小小科普宣传员活动，在社区开展节约用水、低碳环保的宣传活动；4—6年级开展讲科学生活、建文明社区系列活动。包括协助社区文明建设的各项工作，参加植绿护绿、拾捡垃圾等活动，进行如何预防流行疾病等宣传活动，设计未来文明社区的美好蓝图。

（二）磁性科学西园小社区课程评价

1. 美丽园林社区课程评价。通过问卷的形式，对美丽园林社区课程进行全面系统的评估（见表5-13）。

表5-13 合肥市西园新村小学"磁性科学"美丽园林社区课程评价表

你觉得本次活动对影响吗？ A 有很大影响　B 有点影响　C 基本没影响　D 不太清楚 你对以下陈述有什么看法（在相应的方框内打"√"）				
	同意	一般	不同意	很不同意
活动使社区环境更加美丽				
活动使我学到有用的本领				
活动让我更加愿意参加社会劳动				
活动的过程让我感到很有收获				
我很愿意参加类似的活动				
参加今天的活动，我的感受是				
今天我获得了哪些新知识或技巧				
对于活动的不足，我的建议是				

2. 美丽建筑社区课程评价。通过问卷的形式，对美丽建筑社区课程进行全面系统的评价（见表5-14）。

表5-14 合肥市西园新村小学"磁性科学"美丽建筑社区课程评价表

你觉得本次活动对你的生活？ A 有很大影响　B 有点影响　C 不知道　D 基本没影响 你对以下陈述有什么看法（在相应的方框内打"√"）				
	同意	一般	不同意	很不同意
活动对社区的建设有帮助				
活动让我对社区更加爱护				
活动让我更加愿意参加社区服务				
活动的过程让我感到很有成就感				
我很愿意参加类似的活动				
参加今天的活动，我的感受是				
今天我获得了哪些新知识或技巧				
对于活动的不足，我的建议是				

3. 幸福家园社区课程评价。通过问卷的形式，对幸福家园社区课程进行全面系统的评估（见表5-15）。

表 5-15　合肥市西园新村小学"磁性科学"幸福家园社区课程评价表

你觉得本次活动对你的生活? A 有很大影响　B 有点影响　C 不知道　D 基本没影响				
你对以下陈述有什么看法（在相应的方框内打"√"）				
	同意	一般	不同意	很不同意
活动使我快乐				
活动使我学到相关的东西				
活动对我今后的生活会有改变				
活动的过程让我感到很幸福				
我很愿意参加类似的活动				
参加今天的活动，我的感受是				
今天我获得了哪些新知识或技巧				
对于活动的不足，我的建议是				

4. 文明家园社区课程评价。通过问卷的形式，对文明家园社区课程进行全面系统的评估（见表 5-16）。

表 5-16　合肥市西园新村小学"磁性科学"文明家园社区课程评价表

你觉得本次活动对你的生活? A 有很大影响　B 有点影响　C 不知道　D 基本没影响				
你对以下陈述有什么看法（在相应的方框内打"√"）				
	同意	一般	不同意	很不同意
活动达到了预期目标				
活动的气氛很好				
整体来说，活动宣传得好，吸引人				
活动对增加社区的文明有帮助				
我很愿意参加类似的活动				
活动使我学到相关的知识				
活动对我今后的生活会有改变				
参加今天的活动，我的感受是				
今天我获得了哪些新知识或技巧				
对于活动的不足，我的建议是				

综上所述，合肥市西园新村小学"磁性科学"在夯实国家小学科学课程的基础上，发挥周边的社会资源，依托一个个有趣的科学探究项目实施，学生在求知的基础上学会提问、学会解决问题的方法与途径、明晰现象背后的科学原理，建构科学知识体系，提升科学思维能力，促进学生全面发展。

（撰稿者： 项秀颖　吴园园　王建民）

第六章

进阶式探究课程的评价

进阶式探究课程的评价，在主体上注重学生在每一阶段学习的发展性和激励性，改变以往只重视结果，而忽略学生学习过程的评价模式。在方式上采用多元化、多角度的评价方式，结合本校特色，形成符合学生身心发展要求的特色评价模式。评价方式更灵活多样，更具创造性。在内容上从关注评价对象的知识和技能的获得，延伸至获得的过程、方法和情感体验等多方面，旨在通过用合理的评价模式，培养学生更加科学的学科价值观。

学习进阶是当前科学教育界研究的热点之一。从小学科学学科进阶到中学相关学科，内容的广度在不断拓展，探索的深度在不断加大，探究方式也从最初的简单观察到现在的精确测量、实验、归纳和总结。

课程评价模式一直是课程评价研究的核心话题。① 课程评价的对象从学生拓展到教学过程及课程的各个方面，评价主体也拓展到了教师、学生和家长。"美妙科学"之多彩课程中，对课程的评价遵循课程标准的要求，既对课程的理念、设计、实施等课程本身进行评价，又对学习主体的参与态度、合作意识、认知能力等方面进行评价；既从教师角度进行评价，又从学生层面进行评价，体现了课程评价的全面性和层次性。

首先，进阶式探究课程评价关注评价的发展性和激励性。进阶式探究课程需要在学习的各个阶段，都具有科学的评价目标。进阶式探究课程评价的发展性功能是指对评价对象不仅要考虑过往，还要重视当下，更要延伸至未来。要发现闪光点，发掘潜能，发挥特长，扬长补短，逐步建立自信心。进阶式探究课程评价的激励性功能是要激发评价对象的情感，从而达到激发学习的积极性。评价不是目的，而是通过评价找出不足、发现不足，之后不断改进。以评价促进课程发展，以评价指导课程发展，以学生的发展为中心，建立起更科学、更完善的课程。

其次，进阶式探究课程的评价，一改之前的只看期末考试成绩的终结性评价模式，向过程形成性评价模式转变，而不是一刀切。评价者可以在课程实施的过程中，随时进行评价和多次评价，及时调整课程方向。还可以用"档案袋"式评价方式，体现课程发展的成长性以及评价的过程性。

再次，进阶式探究课程的评价彰显学生多元评价，打造学科智慧成长档案。课程标准构建发展性、多元化的评价体系，进阶式探究课程需要建立一种从主体、手段、内容等方面多元化的评价模式。评价内容上也要从关注评价对象的知识和技能的获得延伸至获得的过程、方法和情感体验等方面。评价手段更要灵活多样，创造性地使用。多彩课程的评价，注重自评、互评和师评结合，为每个学生记录其学科学习成长足迹。

最后，进阶式探究课程的评价积极尝试特色评价。进阶式探究课程在内

---

① 胡萍萍. 课程评价可从各模式取长补短. 中国社会科学网. 2018.

容上是融合的，在程度上是递进上升的，因此课程评价要体现其特色，我们的评价注重学生在学习过程中个人价值的体现。合肥市琥珀小学科学学科的多彩课程，根据低中高年级进行不同课程设置，建立分层评价体系。

（撰稿者： 李洁）

合肥市琥珀小学现拥有 8 名科学教师，区科技动手做项目带头人 1 名，名师工作室成员 2 名。师生多次在各级比赛中斩获奖项，酷玩小创客团队在第三届全国基础教育信息化应用展示交流活动中，受到在场参观人员的表扬点赞。琥珀小学教师团队思维活跃、勇于探索、幽默风趣；师生们优秀的学习品质和探索美妙科学知识的精神，为科学课程开发提供了有利的保障。我们认为"美妙科学"是学校科学学科的核心精神，也是科学学科的学科追求。我们依据《义务教育小学科学课程标准（2017 版）》，全面开展推进科学学科课程群建设。

第一节

激活思维，开启自主探究的科学旅程

一、学科性质

（一）小学科学课程是小学阶段基础课程

在科学探究过程中，学生对基本的科学知识有初步的了解，可以发展科学的观察和实践方法，并可以使用科学方法和知识去理解周围自然现象和解决问题。培养学生主体意识。

（二）小学科学课程注重探索实践

探究实践活动作为学生学习的重要方式和手段，在实践中体验和积累经验，提高科学素养和能力，培养渗透科学态度，学习如何与同伴交流、交往与合作。

（三）小学科学课程是多方学科整合课程

科学课程融合物质科学、生命科学、地球和宇宙科学、技术与工程四个领域内容；注重知识学习与生活社会实践的结合、课内与课外的结合、动手与动脑的结合、着重提高学生的综合能力；强调科学课程与其他课程渗透融合，促进学生的全方面发展。让学生在真实、轻松、有趣的情境中学习，发现科学之美。基于此，"美妙科学"就是科学探索让生活更美妙。

二、学科课程理念

依据《义务教育小学科学课程标准（2017版）》主要内容，根据现阶段儿童的年龄特征和认身水平，将"美妙科学"学科理念定位为美妙科学就是

科学探索让生活更美妙。① 我们认为小学科学课程旨在培养小学生的科学素养，提升科学认知能力，并为他们之后终身发展奠定基础。

（一）"美妙科学"始于好奇。好奇心是主动学习的基础，问题意识的根源，学习的动机和动力以及创造力的来源。美妙科学是以学生为中心，依托基础课程设置探究性活动，以学习兴趣为生长点，向外延伸的课程。

（二）"美妙科学"注重探究。探究式学习是学习科学的重要途径。学生需要充足的探究实践机会，从中获取知识，提高探究的能力，体验学科的美好，逐步形成尊重科学事实、善于提出质疑的科学意识。

（三）"美妙科学"强调致用。学习必须与实用性相结合，使人感到有趣。学习的结果不能仅停留在课堂、停留在纸上谈兵，如果学生能够进行知识迁移，用于解决实际问题，那么成就感将会成为新的动力。

（四）"美妙科学"促进思维。小学阶段是学生具象思维向抽象逻辑思维过渡的时期，充分利用身边家庭、社区和场馆等多样资源，引导学生细心观察和深入思考，促进思维发展。关注学生思维的开放、独立、持续等品质的养成。

基于此，我们将"美妙科学"的理念确定为：开启孩子们的探索之旅。

---

① 中华人民共和国教育部. 义务教育小学科学课程标准（2017版）[S]. 北京：北京师范大学出版社.

第二节

引领展望，攀登连绵起伏的知识高峰

《义务教育小学科学课程标准（2017 版）》指出的课程总目标是培养学生的科学素养，并为他们继续学习、成为合格公民和终身发展奠定良好的基础。通过科学课程的学习，使学生保持良好的科学探索热情，具有一定的探究和实践能力，培养保护生物和生态环境的意识和社会责任感。

基于此，结合学校实际，"美妙科学"课程提出以下课程目标：

一、学科课程总体目标

（一）科学知识目标

1. 了解物质的基本性质和运动形式，认识物体的运动、力的作用、能量的不同形式及其相互转换。

2. 了解生物体的主要特征；了解生物与环境之间的相互作用。

3. 了解太阳系和一些星座；认识地球的基本面貌，了解地球的运动形式；认识人类与环境的相互关系，人类应当珍惜自己的家园。

（二）科学探究目标

1. 了解探究是获取科学知识的主要途径。解决问题时能灵活运用多种方法。

2. 围绕问题，设计研究方案进行科学探究。通过收集信息，科学推理得出结论。学会与他人有效沟通与交流。

（三）科学态度目标

1. 具有强烈的好奇心和探究精神，能经常参加科技活动、实践活动去发掘自身的潜力。

2. 能够听取别人的意见，实事求是，脚踏实地，能够及时完成任务。

3. 在科学探究活动中主动与他人合作，积极参与交流和讨论，尊重他人的情感和态度。

（四）科学、技术和社会与环境目标

1. 初步了解所学的科学知识在日常生活中的应用。

2. 有积极的价值取向，热爱自然与生命，能够做出科学合理的自我判断和自我评价。

3. 初步了解在科学技术的研究与应用中，需要考虑伦理和道德的价值取向。

二、学科课程年级目标

为了实现"美妙科学"的课程总目标，我们将其进一步分解、细化，具体设置如下（见表6-1）。

表6-1 合肥市琥珀小学"美妙科学"课程目标表

年级	学期	单元	基础性目标	拓展性目标
一年级	上学期	1.	观察记录植物生长过程。了解植物结构及其生长所需条件。	基本了解多样花朵和地球运动。利用身边的材料和工具动手完成冰雪实验和趣味纸杯制作。
		2.	学会观察比较。能够给不同物体进行测量。	
	下学期	1.	通过比较认识物质的特征、质量和形状特点。了解物质在水中溶解情况。	珍爱生命，意识到保护动植物和环境的重要性。能简要阐述探究过程与结论，与同学交流讨论。
		2.	了解动物之间的相同及差异。了解动物生活习性。	
二年级	上学期	1.	了解太阳、月相、天气和季节的变化。了解自然及身边生活的世界。	对生活中常见的空气、影子、纸张等物质有研究的兴趣。能针对某一主题从多角度去猜测和探索，认识事物。
		2.	了解身边常见材料及其用途。通过对比了解并描述不同材料的优缺点。	

续 表

年级	学期	单元	基础性目标	拓展性目标
三年级	下学期	1.	了解磁极和磁性。 了解磁铁在生活中的应用。	了解土壤对人类生活的帮助。 了解破茧成蝶的过程。 具有对探究过程、方法和结果进行反思、评价与改进的意识。①
		2.	认识身体组成部分。 能够运用各种感官观察和描述事物特点。 了解人体生长变化规律。	
	上学期	1.	观察认识水、冰、水蒸气形态及变化规律。 认识到水的三态之间的变化是可逆的。	"冰雪奇缘"实验情景剧，对水多种形态的变化加深认识。
		2.	了解空气的性质及特点。 可以用不同标准物来测量空气的质量。 养成保护环境，节约资源的意识。	小组合作制作风车，在实践过程中，培养成员分工协作意识，懂得发挥成员的特长。
		3.	分析、概括天气变化的规律。 学会对气温、降水量进行测量。 意识到天气变化与我们的生活密切相关。	结合学校气象站，模拟预报，鼓励学生充分发挥自己的优势，展现具有个人风格的天气预报。
	下学期	1.	观察物质运动状况。比较认识运动快慢影响因素。	通过"漂浮的针"实验，扩大学生对物质运动的认识，培养留心观察生活的习惯。
		2.	观察认识蚕的生命周期。 发现动物生命成长规律，促进分析、比较、概括能力的提升。	通过了解金鱼的生活，加深对动物生命历程的认识，培养主人翁精神。
		3.	认识影子的形成。 了解月相变化规律。 了解地球、月球和太阳之间的密切联系。	了解12星座。
四年级	上学期	1.	能运用多种方式收集天气信息和数据。 能够自制各种测量工具。	学会在生活中寻找研究问题，能够用多种方法探索解决不同的问题。
		2.	观察分析不同物质在水中溶解的能力。 了解影响溶解快慢的因素。	知道溶解现象在生活中的广泛应用。 能够将美术、手工与科学制作结合。
		3.	了解声音的产生原因。 了解声音传播和变化的影响因素。	善于利用生活中常见物品自制鼓膜模型，研究振动的影响。
		4.	了解身体结构。 认识到运动对身体的益处。	在了解人身体结构的基础上，自制捡球器。

---

① 中华人民共和国教育部. 义务教育小学科学课程标准（2017版）[S]. 北京：北京师范大学出版社，2017：1—2.

续 表

年级	学期	单元	基础性目标	拓展性目标
	下学期	1.	认识简单电路。学会使用不同的电路连接方法。	制作红绿灯。增强对电路连接的认识。
		2.	了解动植物生命历程。懂得新生命的可贵，爱护动植物。	制作冰冻花，充分发挥学生的奇思妙想。
		3.	了解食物分类。观察分析食物变质因素。注意营养均衡。	利用简易食材自制面点，可带到学校与大家分享。
		4.	认识岩石分类和组成。能够观察描述矿物。	模拟购物节，学生利用有限金额，进行合理采购。
五年级	上学期	1.	了解动植物对环境有基本需求（通过对比试验）；初步了解用文字、图表、数据对所观察到的内容进行记录、分析；培养科学的学习习惯和保护环境的意识。	培育种子，观察其发芽、生长，认识植物和环境的关系；寻找蚯蚓，探寻其生长环境特点。①
		2.	认识影子产生的条件、变化特点；光（反射光）传播的方式、特点及在生活中的应用；光与热的关系（对比试验）；认识不同镜体的特点及在生活中的应用；制作简易太阳能热水器。	编排"皮影戏"探究光影之间的变化规律，推测并验证光传播的特点；制作"太阳能热水器"认识光与热的关联性，根据试验现象和试验数据进行分析和推理，大胆地做出自己的解释。
		3.	认识地球表面的基本地形地貌；地球表面多种地形形成的原因（内因和外因）；人类活动对地表形态的改变产生的影响。	通过"污水去哪里了"认识人类活动对地表环境的影响；组织"科技保护家园"活动，认识到自然灾害带来的影响。
		4.	物体运动的不同形式及比较；认识常见的力；在力的作用下，物体是如何运动的。	手工动力汽车比赛，培养学生设计能力和控制变量的意识，并能初步设计实验方案。
	下学期	1.	认识影响物体沉浮的因素；物体沉浮与浮力、重力之间的关系；通过对物质材料、形状和液体性质的差异的探究，认识物体沉浮的本质。	制作简易潜水艇并解释其沉浮原理；通过科学探究活动，培养学生的逻辑思维能力。
		2.	了解热传递方式和特征。知道固体、液体、气体具有热胀冷缩的性质。	尝试自主设计固体、液体、气体热胀冷缩实验，对提出的具体问题进行小组合作探究；试着用模型解释物质体积变化的微观现象。

① 中华人民共和国教育部. 义务教育小学科学课程标准（2017年版）[S]. 北京：北京师范大学出版社，2017：12—13.

续 表

年级	学期	单元	基础性目标	拓展性目标
		3.	理解"时间"的概念；了解古人利用物体影子的变化规律来计时的原理；解释摆钟、水钟等计时工具的工作原理。	通过制作水钟、简易圭表、一分钟计时器等计时工具，学习到辨别和控制实验变量来改进实验器具；初步体验到科学技术与人们生活的密切关联。
		4.	认识地球自转和公转的基本规律，并且解释自转和公转在生活中带来的不同现象；北极星保持位置不变的原因；极昼极夜现象的解释。	模拟昼夜更替现象，分析其产生的原理。通过对地球运动特征学习，认识到科学是发展的，科学知识也是历经长时间的成果。
六年级	上学期	1.	机械是利用力学原理的各种装置；通过使用工具，发现工具使用原理及功能。	"树枝上的平衡鸟"制作，加深对杠杆、轮轴、斜面的认识，理解简单机械的工作原理；对自行车构造的观察分析，总结提升简单机械在生活中的使用。
		2.	认识柱、梁、拱形、框架等形状在结构上的不同，及其不同作用；认识改变形状可以改变材料的承受力；拱形能够承载更大压力的特点；上小下大、上轻下重的物体具有更好的稳定性。	"拱形物体大搜索"来认识形状结构的使用功能；通过自己动手搭建框架结构、拱形结构以及自主设计的其他结构类型，来扩展认识不同形状构造的材料的承载力。
		3.	认识电和磁的关系，探究电和磁是如何相互转换的；电磁铁的制作和磁力大小的探究；多种形式的能量是可以转换的。	制作电磁铁并研究电磁铁的磁极和磁力大小，认识不同形式的能量最终是由太阳能转化和储存的。
		4.	认识生物的个体差异；生物的多样性是人类生存的重要保障。	"我们都是好朋友"认识自然界中生物的特殊身体结构，感受炫彩生命。
	下学期	1.	放大镜的结构特点及作用；细胞是生物活动的基本单位；微生物的存在与人类生活密切关联；物质世界和生命世界多样性。	体验"眼见不一定为实"；认识显微镜，观察微生物和细胞，体验科学探索的乐趣。
		2.	认识到世界是由物质组成的；物质的变化分为物理变化和化学变化，两者有着本质的区别；物质的变化与我们生产生活有着密切的联系。	"防锈措施大比拼"了解常见物质的变化，增强学生探究物质世界的好奇心；通过化学变化速度的控制，让学生感受科学的魅力与美妙。①

---

① 中华人民共和国教育部. 义务教育小学科学课程标准（2017年版）[S]. 北京：北京师范大学出版社，2017：14—15.

续 表

年级	学期	单元	基础性目标	拓展性目标
		3.	认识太阳系的各大星球及其运动特征;解释月相、日食、月食形成的原理;宇宙是可以被人类所认识的,人类通过不断地探索,利用更先进的探测工具加深对宇宙的认识。	可以完成环形山的形成模拟实验;"太阳系""星空"模型的建造,让学生发现模型与实物的差距,形成更客观的宇宙观。
		4.	了解垃圾处理的不同方法及利弊;减少垃圾产生的方法和垃圾分类的重要性;环境污染及其环境治理,认识人类与自然资源和环境的关系,知道地球是人类应当珍惜的家园。	"减少垃圾数量"金点子行动,让学生为减少垃圾出谋划策;"垃圾循环利用"科技创新设计活动,培养学生科技创新能力。

第三节

多元维度，绘制美妙科学的绚丽版图

"美妙科学"是学校美好课程的重要组成部分。"美妙科学"分为基础性课程和拓展性课程，为了夯实学生基础能力设置了基础型课程；为了适应学生的个性化学习需求，发掘学生的潜能，开设了拓展性课程。

一、学科课程结构

基于"开启孩子们的探索之旅"的学科理念和"科学让生活更美妙"的价值观。本课程从物质科学、生命科学、地球与宇宙科学和工程技术科学四大领域将"美妙科学"课程设置为多样物质、绚妙生命、广阔天地和酷玩科技四大类别。"美妙科学"的课程结构，见图6-1。

冰雪世界
寻找空气
易拉罐电池
制作竹蜻蜓
燃烧的小熊软糖
可乐吹气球

花儿如此多娇
青蛙去哪儿了
探索金鱼生活
创意花瓶
垃圾降解
我们都是好朋友

旋转地球
土壤中的秘密
小小面包师
科技馆的一天
污水去了哪里
走进3D打印

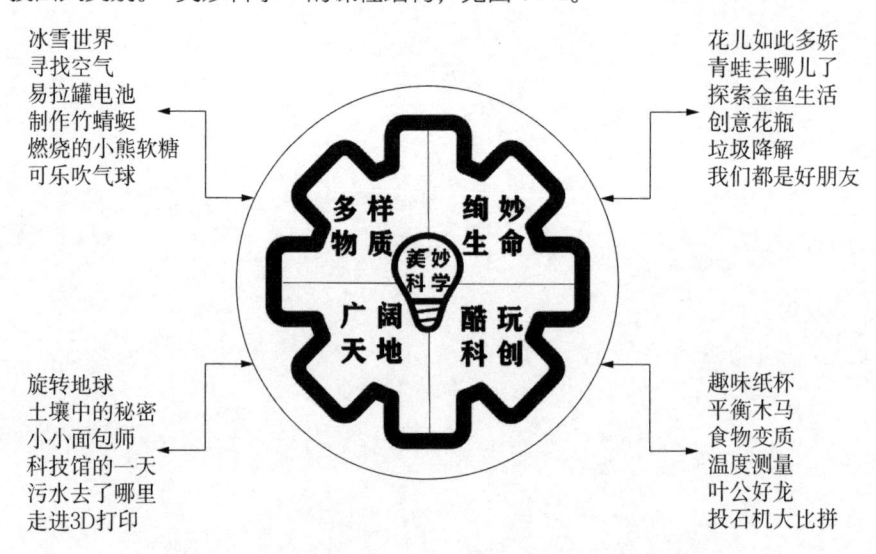

趣味纸杯
平衡木马
食物变质
温度测量
叶公好龙
投石机大比拼

图6-1　合肥市琥珀小学"美妙科学"学科课程结构图

从上图中得出：

多样物质——来自物质科学领域。小学生一直暴露在不同的物质中，感受丰富多彩的物质运动及自然和人类生活的变化。它以实验探究为主要学习方法，引导学生了解常见物质的变化，增强其探究物质世界的好奇心。

绚妙生命——来自生命科学领域。通过观察、实践、研究等方法认识自然界中的各种生物，了解地球上部分生物的特点、生存条件及人类生活等对生物体的影响。培养学生形成热爱自然、爱护生物和环境的意识。

广阔天地——来自地球与宇宙科学领域。通过对月相、影子、气象、土壤、岩石等现象或物体的观察和学习，提升学生对探究地球和宇宙奥秘的热情，提高空间想象、逻辑推理等能力，初步建立人类与自然和谐相处的发展观。

酷玩科创——来自工程技术科学领域。科学的美妙在于创造。结合学校"酷玩创客"社团课程设置，运用科学、技术、艺术和工程，指导学生在做中学，利用各种新材料和工具手段进行设计制作，以培养学生的创新精神和实践能力。

二、学科课程设置

我们遵循教育教学和学生认知发展及成长规律，稳步推进并逐步完善"美妙科学"课程设置，让学习水到渠成地体现美好与奇妙。"美妙科学"课程设置更注重于用一种求美、求真的态度探索科学的美好与真谛。故此我们将在"温润、纯粹、灵性、美丽"的校园文化基础上，在六年时间里以螺旋上升的态势培养孩子思考、探索和创新的能力。

根据学生学习需求，除了实现基本教科书内容外，学校开发了丰富、实用的校本延伸课程，具体设置如下（见表 6-2）。

表 6-2 合肥市琥珀小学"美妙科学"课程群课程设置表

实施年级		课程类别			
		多样物质	绚妙生命	广阔天地	酷玩科创
一年级	上学期	冰雪世界	花儿如此多娇	旋转地球	趣味纸杯
	下学期	燃烧的小熊软糖	小小蜗牛	水往低处流	平衡木马

续表

年级 \ 实施		课程类别			
		多样物质	绚妙生命	广阔天地	酷玩科创
二年级	上学期	寻找空气	青蛙去哪儿了	百变影子	一张纸的威力
	下学期	制作竹蜻蜓	破茧成蝶	土壤中的秘密	掉不下的塑料板
三年级	上学期	冰雪奇缘	风车展览	天气预报我来说	食物变质
	下学期	漂浮的针	探索金鱼生活	12星座	温度测量
四年级	上学期	省力钥匙环	创意花瓶	日心说	捡球器
	下学期	制作红绿灯	冻冰花	小小面包师	我是采购员
五年级	上学期	太阳能节水器	生态破坏	科技馆的一天	京剧变脸娃娃
	下学期	造一艘船	温室花朵	污水去了哪里	树枝上的平衡鸟
六年级	上学期	拱形物体大搜索	我们都是好朋友	节水标物制作大比拼	投石机大比拼
	下学期	防锈措施大比拼	垃圾降解	走进3D打印	叶公好龙

第四节

春华秋实，撒播探索求知的科学种子

"美妙科学"从美妙科学之激趣课堂、美妙科学之多彩课程、美妙科学之快乐实践、美妙科学之酷玩创客、美妙科学之缤纷科技节这五方面入手，让学生在探究中学会思考，体验科学的美妙。

一、美妙科学之激趣课堂，提升科学学习兴趣

激趣课堂是指在科学课堂上，融入激趣的探究内容或探究形式，让科学课堂变成有趣的课堂，变成美妙的课堂，学生在这种课堂中爱学、乐学。科学教师应力争把科学课打造成学生喜欢的趣味课堂。

（一）激趣课堂的实践与操作

1. 激趣课堂内容上激发学生持久的兴趣。小学生的注意力持续时间短，学习兴趣和热情还不能像成人那样坚定，教师要充分提取教材的趣味因素，学生才会喜欢学习、喜欢探索。教师要不断为学生创设这样有趣美妙的学习情境，使每个学生都在这样的情境中发现、创造。我们根据"多样物质、绚妙生命、广阔天地、酷玩科创"这四大模块，各年级设置不同的学习主题，如神奇的筷子、瓶子吞鸡蛋、走进3D打印等内容，根据学习主题展开教与学相关的内容。在丰富有趣的内容中，学生带着好奇心探究身边的科学。

2. 激趣课堂实验中注重学生操作能力的培养。小学科学旨在培养学生的实验动手能力，因此应让所有学生积极参与科学学习。从制定实验计划、准备实验设备到动手操作、观察实验过程中的现象，最后得出实验结论。在实验之前，教师引导学生设计实验方案，思考需要什么材料，怎样做比较合

理，实验中可能出现哪些问题，并学会在探究中做记录，留足够时间给学生进行反思，尝试相互之间做一些评价。通过这种方式，提高学生的实验能力，培养实验的方法和技能。

3. 激趣课堂活动中重视小组分工合作。教师充分引导学生在小组学习中进行分工合作，实现优势互补，完成科学知识建构。自主与合作相结合，激发学生学习兴趣，增强学习热情。在小组合作中，学生将继续提高科学素养及团队协作精神。教师在课堂中要善于引导学生组建团队，形成共同探索的氛围，从而提升学生的科学素养。

（二）激趣课堂的评价

"美妙科学"之激趣课堂之"美"是在学生的探索过程中，呈现科学知识之美，之"妙"是在整个学习过程中，体会科学的无穷奥妙。激趣课堂评价细则如下（见表6-3，表6-4）。

表6-3 合肥市琥珀小学"激趣课堂"教师教学评价表

姓名			学科		
课题					
项目	评分标准			分值	得分
教材处理	教学四维目标清晰，符合课程理念和学情。教学内容科学正确，能恰当地进行积极向上价值观教育。挖掘教材趣味知识点，增强内容趣味性。			10分	
	重点突出，难点处理得当。在教学中体现了教材中能力因素和非智力因素。			10分	
教学安排	较好地反映教师主导作用、学生的主体地位。根据教学内容选用适合的教学方法。			10分	
	教学环节设计合理，条理清晰。以激趣的方式，调动学生学习积极性，同时注意学习方法的引导。			10分	
课堂组织	能充分展现课堂学生学习情景，有效达成教学目标。			10分	
	创设激趣的课堂教学环境，体现良好的教学组织和问题设计能力以及与学生交流的能力。			10分	
	为学生提供平等的参与学习机会，体现其主体地位。			10分	
教师素养	语言精炼、生动、形象。思路清晰，表达准确。板书规范，教态得体。			10分	
	具备本学科特有的教学素养	能够接受到学生的信息反馈，临场应变能力强。		10分	
		教师的人格修养、学科素养和求实态度得以体现。		10分	
自我反思				100分	总得分

表6-4 合肥市琥珀小学"激趣课堂"学生自我评价表

时间	评价项目	评价等级（ABCD）
科目	课前积极预习，并具有效果。	
	听讲认真，积极参与讨论交流。	
授课教师	积极发言，大胆尝试并表达自己的想法。	
	善于合作，虚心听取他人意见。	
	具有独立思考能力，能用不同的方法准确地解决问题。科学思考和探索的能力增强。	
	对本节课所学知识和方法有自己的所学体会和理解。科学学习兴趣提升，学得快乐。	
	较上节课的表现是否有所进步。	是（ ） 否（ ）
本节课自我反思：		

二、美妙科学之多彩课程，扩展科学课程内容

多彩课程是学校根据实际情况研发的拓展课程，它形式灵活多样，内容符合学校、学生实际，学生能够在学习科学的过程中，体会科学探索的美妙！

（一）"美妙科学"之多彩课程的实践与操作

1. 多彩课程借助学校气象站，建立"小小气象员"课程。本课程以四年级学生为主，在全校范围内招募气象爱好者，分低、中、高三个年级段，从低年级的气象观察、气象记录开始，到中年级的气象实验操作、总结气象结果，再到高年级的气象数据分析、当地气象与环境，从不同层面渗透科学知识，培养科学意识。学校分批次组织学生参观气象观测馆，邀请气象专家进课堂，教授科普知识，鼓励学生参加各级各类气象科普征文，参加气象科普知识竞赛等活动，全面提升校园气象科普的氛围。

2. 多彩课程借助安徽省科技馆，建立馆校合作课程。为大力发挥科技馆的科普场馆资源优势，学校与省科技馆共建科普活动基地，利用科技馆的丰富资源，丰富的科技馆资源，为学生开设科学直播课。在科学直播课上，不同阶段的学生使用相应的实验材料包，开启一个个美妙的科学探索过程。此

外还有航模制作、科幻画评选、科学微剧场等，综合运用文学、音乐、舞蹈、美术等艺术手段展现科学现象，揭示科学原理，激发孩子对科学的兴趣与探究欲望。

3. 多彩课程借助科学实验，建立迷你实验课程。我们采取多类型的迷你课程模式，在科学课上、社团课上、课外活动小组、三点半工程、科创训练等时间段实施迷你实验课程，以学生的活动为主要学习形式，让学生在一个个小实验中，感受科学的美妙。

（二）多彩课程的评价

现今课程的评价范围变广，既可以对课程本身评价，也可以对课程实施及课程活动的结果评价，不只重视终结性评价，还重视形成性评价。

1. 多彩课程的评价，重视评价的发展性和激励性。评价不是目的，而是通过评价找出不足、发现不足，之后不断改进，以学生的发展为中心，建立起更科学、更完善的课程来。

2. 多彩课程的评价，不只重视终结性评价，还重视形成性评价。当前的课程评价，一改之前的只看期末考试成绩的模式，可以在课程实施的过程中进行随时评价和多次评价，还可以用"档案袋"式评价方式，体现评价的过程性。

3. 多彩课程的评价，采用多元化评价模式。改变过去单一评价主体的模式。不光学校和教师可以对课程进行评价，学生、家长和社会都可以参与进来。

4. 多彩课程的评价，倡导课程的特色发展。每个地区是不一样的，每个学校也有自身的发展特点，所以课程的发展要根据地区、学校甚至学生的特点。在长期的课程实施中，也就形成了自己的特色。琥珀小学"多彩课程"评价细目如下（见表6-5，表6-6）。

表6-5 合肥市琥珀小学"多彩课程"教师评价细目表

课程内容： 评价人： 评价时间：

项目	评价内容	评价等级			
		优	良	中	差
理念	课程开发具有目标意识，能够进行多学科整合，符合科学理念，适合学生认知发展水平。				
设计	内容设计重视活动体验，符合学生年龄特点，展现进阶性，体现学校特色。				

续 表

项目	评价内容	评价等级			
		优	良	中	差
实施	实施过程严谨、科学、合理，课程满足学生兴趣发展，按课标要求进阶式完成。				
评价	评价方式和手段灵活多样，涵盖到全体学生。				
总结	能及时发现课程实施问题，总结、反思、优化科学课程，在总结中提升课程质量。				
整体评价					

表 6-6 合肥市琥珀小学"多彩课程"学生评价细目表

课程内容：　　　　　评价人：　　　　评价时间：

项目	评价内容	评价等级			
		优	良	中	差
参与态度	能积极参与美妙课程相关活动，按照不同课程内容，进行进阶式探究学习，学习兴趣浓。				
合作意识	能与小组成员团结合作，学会交流，共享信息，在探究过程中培养团队精神。				
认知能力	能拓展学生的认知发展水平，进阶式增长知识经验，发展新技能。				
学习氛围	学生在整个学习过程中，学习热情高，学习氛围浓。				
实践创新	在观察实践过程中，能提出创新性的问题、观点或想法，并设计实验进行探究。				
成果积累	注重学生参与学习的成果和收获，能够体会到成功的喜悦。				
同学评：	老师评：					
我的收获与评价：					

三、美妙科学之快乐实践，拓宽科学实践天地

快乐实践就是利用各种资源条件，为学生打造快乐的、多角度的研学旅行活动。学生在研学过程中，感受科学探索带来的快乐，用一双探索的眼睛发现身边的科学。在充满快乐的探索旅途中，传授科学知识并提高科学素养。

（一）快乐实践的内容与操作

学校每年会在春秋季节，安排"美妙科学之快乐实践"研学旅行，根据不同年级安排不同的地点。"快乐实践"课程活动安排如下（见表6-7）。

表6-7 合肥市琥珀小学"快乐实践"课程活动安排表

年级	主题	地点	活动
一、二年级	美妙自然	合肥市植物园 合肥市野生动物园 巢湖昆虫王国、合肥瓜牛公园	了解动植物特点 亲近大自然 爱护我们的环境
三、四年级	美妙科技	合肥市科技馆 安徽省地质博物馆 合肥市污水处理厂、垃圾回收站	了解科技原理 感受科技神奇 了解生产常识
五、六年级	美妙工程技术	合肥篮山湾制作竹蜻蜓 三国遗址公园操作投石机 走进中国科学技术大学	了解简单工程技术 感受技术先进性 科学探究兴趣提高

（二）快乐实践的评价

快乐实践过程，既能丰富学生的科学知识，又能增加学生的科学体验，既培养学生的科学态度，又提高科学探索的能力。其评价细目如下（见表6-8）。

表6-8 合肥市琥珀小学"快乐实践"评价细目表

学校：　　　　研学地点：　　　　研学时间：

评价项目	评价要点	评价标准	评价等级			
			优秀	良好	一般	待提高
目的内容	目标明确 内容充实	1. 内容丰富有趣，贴近学生 2. 培养科学知识、科学技能 3. 研学过程中提高科学素养				
方式方法	组织形式 安全保障	1. 实施安排有条理 2. 安全制度有保障 3. 有序出行讲文明				
活动过程	主动参与 积极探索	1. 学生主动参与科技探索 2. 积极研究其中科技原理 3. 探究过程科学严谨有序				
活动效果	科学兴趣 科学素养	1. 有一定的活动成果 2. 科学兴趣得以提高 3. 科学素养得以提升				

四、美妙科学之酷玩创客，激发科学学习兴趣

酷玩创客是学校社团组织的重要组成部分，由专任的科学老师，利用每周五下午的时间，开展不同主题的社团活动，是学生展示自我的平台。

（一）酷玩创客的实践与操作

酷玩社团活动形式灵活多样，注意点和面的结合，在学校美好课程规划方案的指导下，我们开发了科技小达人、美妙3D打印等科学社团。学校每学年进行一次社团人员的确定，学生依据兴趣选社团，教师进行核定，实行双向选择以确保社团活动的针对性。社团具体设置如下表（见表6-9）。

表6-9 合肥市琥珀小学"酷玩创客"设置表

年级	社团
低年级（一、二年级）	科技小达人，追梦科学家
中年级（三、四年级）	小小气象员，科学动动手
高年级（五、六年级）	乐高机器人，美妙3D打印

（二）酷玩创客的评价

酷玩创客是体现STEAM精神的社团组织，在这个组织中，学生尽情开拓思维，大胆进行创造，在学和玩中，渗透创客理念。其评价细则具体如下表（见表6-10）。

表6-10 合肥市琥珀小学"酷玩创客"评价表

社团名称： 负责教师： 评价时间：

评价项目	评价标准	评价等级（ABCD）	总体评价（优、良、待提高）
学习态度	1. 主动参与学习活动		
	2. 积极提出自己的想法、建议		
	3. 遇到困难，想办法解决		
协作交流	1. 主动帮助同学		
	2. 倾听同学的意见，采纳他人建议		
	3. 对班级和小组的学习有贡献		
实践能力	1. 能够完成基本的操作		
	2. 动脑、动口、动手参与		
	3. 探究方法的多样性		

续表

评价项目	评价标准	评价等级（ABCD）	总体评价（优、良、待提高）
团队展示	1. 团队分工合理，过程有记录有条理		
	2. 在适合的位置，充分发挥自己的特长		
	3. 成果符合要求且有创意		
伙伴眼里的我：		自己眼中的我：	
老师眼中的我：			

注：A 表示好；B 表示较好；C 表示一般；D 表示尚可

五、美妙科学之缤纷科技节，展现科学无限魅力

缤纷科技节是在全国科普日前后，为激发全校师生学习科学的兴趣，展现科学知识的力量与魅力，提高科学在所有学生中的影响力，开展的一系列科学活动。

（一）缤纷科技节的实践与操作

1. 我和科学家有个约会。对于低段学生，学校会在科普日前后，举办"我和科学家有个约会"科普活动。通过与合肥科技馆合作，联系在科学领域有突出贡献的科学人才，举办和科学家的约会。在这个约会上，学生近距离体会科学，与科学家互动，感受科学家身上不断探索、不断拼搏、不断努力的科学精神。

2. 科技进校园，琥娃爱挑战。对于中高段学生，在科普日期间的安排是，制作科学知识海报及展板，放置在学校各个角落，让学生在校园任何地方，随处可见科学知识。同时展示的还有学生的科技动手做的作品，如科技作品京剧变脸娃娃、叶公好龙、易拉罐乐队等，不同的作品展示不同的科学技巧和科学魅力，这不只是一场展示，更是一场科技大比拼。

3. 送气象科技，让知识接力。在科普日期间组织学生参观气象馆，邀请气象专家走进学生课堂，指导学生进行气象观测，指导学生模拟天气播报，鼓励学生积极参加气象科普征文活动，参加气象科普知识竞赛等，在活动中逐步提高学生的气象科普常识，全面提升学生综合素养。

（二）缤纷科技节的评价

学校开展缤纷科技节，是为了提高学生学习科学的兴趣，让学生和老师在这样的节日活动中，都能感受到科学的缤纷色彩和魅力。琥珀小学"缤纷科技节"的评价标准如下表（见表6-11）。

表6-11 合肥市琥珀小学"缤纷科技节"评价表

评价项目	评价内容	评价等级
活动策划	1. 主题鲜明，具有科学性、教育性 2. 内容符合学生年龄特点与认知水平	
活动方式	1. 注重活动的群体性、操作完整性 2. 实施形式多样、重点突出、有创意	
活动过程	1. 活动内容科学、新颖、有趣 2. 注重师生互动、学生参与面广	
活动收获	1. 获得愉悦的活动体验 2. 体现学生主体、提高科学素养	

综上所述，合肥市琥珀小学"美妙科学"是学校数名科学与信息技术教师智慧的结晶，我们以"开启孩子们的探索之旅"的理念为中心，从美妙科学之激趣课堂、美妙科学之多彩课程、美妙科学之快乐实践、美妙科学之酷玩创客及美妙科学之缤纷科技节五个方面实施，发展并提高学生的科学核心素养。学校同时做好课程的管理和保障，使"美妙科学"能够扎实推进，给学生带来神奇的美妙的科学体验！

（撰稿者：李洁　陈国敏　郝俊杰）

第七章

进阶式探究课程的管理

进阶式探究课程的管理不同于一般课程的管理。进阶式探究课程具有生成性、融合性、研究性和开放性的特点。进阶式探究课程管理的主要任务是：通过构建阶梯螺旋式课程路径，促进学生思维和认知的全面进阶。措施上采用"N+1+1+N"的双界面系统，两界面之间自由切换，互相支持，互相配合；从而实现多校联动，多级联动，在研究中管理，在管理中研究。

课程管理，是指在课程构建和实施的过程中，采取措施，达成理想的课程目标的过程。课程管理是学校管理工作中的一部分。[①] 课程管理不同于教学管理，一直以来，课程管理没有得到足够重视，随着以"育人"为导向的课程改革不断深入，课程结构和内容变得越来越杂，课程实施和评价也变得多元开放，这些变化决定着学校管理应从根本上改变管理机构和管理模式，从原有重视教学管理向课程管理倾斜。进阶式探究型课程基于学生认知发展过程中进阶的特点，基于学习者视角构建探究的课程，注重学科整合，注重构建阶梯螺旋式课程路径，注重学生思维和认知的全面进阶。进阶式探究课程内容决定了课程管理具有生成性、融合性、研究性和开放性的特点。

　　伴随着蜀山区区域性品质课程的全面推进，从区级层面对小学科学学科课程群和中学物理学科课程群进行整合，生成进阶式探究课程。在课程管理上实行多校联动，多级联动。首先，搭建课程研究平台，将不同学段、不同学校参与课程研究的老师组织起来，保证课程研究和实施中不断呈现的问题能得到及时的解决，从而实现"在研究中实施，在实施中研究"。其次，创建"N+1+1+N"的双界面管理系统。每个学校都成立一个课程研究小组，并确定一名学科带头人，这就是管理系统中的第一个"N"，由这名学科带头人带领各成员对课程进行调查、研究，最终形成课程方案。区教研室成立区域性品质课程研究组，各学科设有课程负责人，一般由学科教研员兼任，这就是组织系统中第一个"1"，学科课程负责人负责召集各校的学科带头人，从"学科整合"和"进阶"的视角对课程方案进行讨论和修改，形成总的课程方案。课程研究组织属于学习型组织，没有政管理权，于是，课程负责人将总方案交给教体局分管局长，分管局长组织召开行政会，由行政会讨论决定是否通过行政组织去实施，行政会议通过后，分管局长又将总方案交给了各校主管课程的副校长，最后通过年级主任具体进行安排，至此，课程方案得到了组织落实。在这个环节中分管局长是管理系统中的第二个"1"，各校主管课程的副校长则是组织系统中的第二个"N"。实际上，课程的生成和实施是通过两种组织界面的结合共同完成的，一个是学习型组织界面，另一个是行政组织界面，两种组织之间自由切换，互相配合，从而形成"1+1＞2"

[①] 方丙丽.课程管理：涵义、缘起与意义[J].邢台职业技术学院学报，2010,27（04）：20—23.

的局面。①

进阶式探究课程管理重视管理与研究的结合,"在研究中管理,在管理中研究"。高效的课程管理保证了课程的顺利实施,课程的实施则从根本上促进了学生核心素养的发展和育人目标的实现。

(撰稿者: 程结旺)

合肥市五十中学天鹅湖教育集团天鹅湖校区物理学科教研组共有专职教师17人,均为大学本科及以上学历,其中高级职称4人,合肥市学科带头人1人,合肥市骨干教师3人,蜀山区骨干教师6人;多位教师先后在省、市、区各级优质课、基本功大赛中获奖,多人主持或参与过省、市、区级教育科研课题。教研组教师组建的科技创新、创客、科技动手做等社团蓬勃发展,屡次被评为市级优秀社团,社团负责老师多次荣获"区长"奖,从社团中成长起来的学生在各级、各类科技创新比赛中屡获大奖。我们依据国家教育部《关于深化课程改革,落实立德树人根本任务的意见》以及《义务教育物理课程标准(2011年版)》等文件精神,推进我校物理学科课程建设全面实施。

---

① 季苹. 学校如何进行课程管理 [J]. 中小学管理,2003,01: 04—08.

第一节

趣学善思，打开进阶课程的智慧之门

一、学科性质

智享物理学科课程是一门以物理学科课程为主线，融合生物、化学、体育、信息技术等课程内容，面向全体学生，发展学生核心素养的课程。智享物理学科课程是蜀山区区域"3+X"品质课程群的组成元素，是学校"L-O-V-E"校本课程体系的子系统。智享物理学科课程具有综合性、实践性和发展性等学科性质。

1. 智享物理学科课程是一门学生升入高一级学校进一步学习物理的预备课程。课程重视学生逻辑思维能力培养和学习技能进阶。学生通过课程学习，掌握基础知识，学会观察、比较、分析、归纳、总结等科学思维方法，对物理学习有浓厚的兴趣、初步具备探究能力和创新意识。

2. 智享物理学科课程是一门以物理学科课程为主线，融合生物、化学、体育、信息技术等内容的综合课程。

3. 智享物理学科课程是一门以实践为基础的探究课程。学生亲身经历探究活动，理解、掌握科学探究方法，养成勤动手，善用脑的习惯。

4. 智享物理学科课程是一门注重理论联系实际的课程。课程内容与学生生活密切相关、与社会热点紧密联系，学生通过课程学习，在实践中逐步学会应对未来挑战的必备品格和关键能力，在真实情境中形成家国情怀和正确的世界观。

二、学科课程理念

智享物理学科课程以"智从趣生，享由智始，智享共生"为课程理念，使学生在"趣学、善思、乐享"的学习过程中提升物理学科素养，追求物理学的本质，让学生在实践中成长、成才。

1. 智享物理学科课程重"情感"。教育以育人为本。智享物理学科课程，立足学生认知，着眼于学生未来，努力做到学有所用。课程不仅关注物理知识、技能的传授，也关注物理思想的感悟及物理活动经验的积累；不仅关注物理能力的培养，也关注学生价值观的形成，即传授知识、激发兴趣、启迪思维、完善品格。

2. 智享物理学科课程重"明辨"。物理学的发展和内容充满着辩证法的思想。在中学物理教材中，运动与静止、力与运动、定量与变量、质量与能量、作用力与反作用力等，都是辩证唯物主义的基本思想内容。质点、真空、理想气体、光滑、匀速直线运动等都是物理模型，来源实生活，是事物本质属性的客观抽象。智享物理力求将这些丰富素材，巧妙地融入到课程当中，有目的、有意识地逐步渗透，发展学生的明辨思维。

3. 智享物理学科课程重"积累"。智享物理学科课程内容泛化，课本、实验室、图书馆、博物馆、公园、活动中心、体育馆等都是学习资源。合理利用课程资源，创造性地开展报告会、辩论会、研讨会、参观、研学游、创客等各类活动，增强学生知识积累，丰富学生阅历，多角度提高学生的认知。

4. 智享物理学科课程重"实践"。"学以致用"是教育的最终目的。智享物理学科课程注重实践，一方面让学生通过生活中实际经验，来理解或验证所学的知识；另一方面应用已积累的物理知识、概念、思维、方法，解决生活中的实际问题。让学生在学习过程中体会物理知识以及生活实际的紧密联系。[1]

5. 智享物理学科课程重"创新"。创新是一个民族进步的灵魂。青少年是国家创新的生力军。智享物理学科课程在实施的过程中通过开展多种多样的社团活动，普及科学知识，使学生在实践活动中崇尚科学、热爱科学，崇

---

[1] 蒋守霞. 基于初中物理教学角度下的初高中物理衔接教学的策略研究[D]. 苏州大学，2013.

尚创新、热爱创新。

总之，智享物理学科课程以"智从趣生，享由智始，智享共生"为课程理念，注重"情感""积累""实践"和"创新"，注重习惯养成，注重课程路径的构建，注重学生思维和认知的进阶。

第二节

初识认知，拓宽学生发展的思维空间

进阶式探究课程让学生经历真实的科学探究过程，在探究过程中挑战自我，体验成功，获得发展；在探究过程中培养学生"求真""求精""求新"的科学精神，发展学生的想象力，拓展学生的思维空间。[①]

一、学科课程总目标

学生通过智享物理学科课程的学习，主要在以下三个方面得到发展。

1. 知识与技能目标：涨知识。结合生活中物理情景、活动或问题，让学生感受自然的神奇；了解自然界物质的结构，相互作用和运动规律；掌握基本仪器、仪表的使用，具有初步的实验操作技能，会用实验对一些现象进行推证或证伪。

2. 过程与方法目标：促思维。思维即习惯。观察物理现象，描述主要特征；设计探究实验，经历探究过程，收集数据信息，构建物理模型，拓展实验结论，形成物理观念，这就是物理思维。智享物理学科课程力求培养学生问题分析的全面性，方法运用的恰当性和数学表达的准确性，规划科学的学习路径，促成习惯的养成，思维的进阶。

3. 情感态度与价值观目标：强素养。智享物理学科课程内容贴近学生生活，课程实施过程中突出学生主体，课程评价中突出未来发展。通过智享社团，智享阅读、智享游戏等实践活动，正确引导，帮助学生形成核心价值

[①] 石明国. 拓展学生思维空间的策略[J]. 中学生物教学，2005（06）：19—20.

观，做未来主人。

二、学科课程年级目标

为各年级的课程实施明确方向，进一步细化课程结构，把握不同年级、不同目标维度之间的内在关联，制定智享物理学科课程年级目标。如表 7-1 所示。

表 7-1 合肥市五十中学天鹅湖教育集团天鹅湖校区"智享物理"年级目标确定表

年级	目标	学期	目标	
			共同要求	智享物理课程要求
七年级	初识物理	上学期		1. 通过阅读《发现-数理化通俗演义》等相关书箱，了解物理学发展历史。 2. 参观科技馆，体会自然的奥秘。
		下学期		1. 参加附近高校科技活动周，体会高科技对人类生产生活的影响。 2. 听一场科普讲座，了解科技发展前沿。 3. 参加一次科技夏令营，感受科技魅力。
八年级	认知物理	上学期	第一章 1. 通过解释课本上列举的神奇现象，感受科学魅力。 2. 了解物理学发展史上的几个重要阶段，感受古人对自然现象认识的心路历程。	第一章 1. 选取一个自己感兴趣的生活现象，尝试动手实验进行探究，熟悉科学探究的主要环节。 2. 交流分享自己实验过程和结论，体会合作分享的快乐。
			第二章 1. 了解描述机械运动的几个物理量，如参照物、路程、速度、v-t 图像等。 2. 通过身边的实例体会运动和静止的相对性。 3. 通过实践，学会测量物体的长度和物体运动的速度。 4. 初步了解自然界中物体运动的分类。	第二章 1. 能用身边的器材制作一个规定尺寸的小车。 2. 能选择合适的测量工具测定小车的运动的速度大小。 3. 尝试让自己制作的小车做加速、匀速或减速运动的方法。
			第三章 1. 通过对生活中自然和实验现象的观察，归纳总结声音是如何产生、传播和接收的。 2. 知道声音的特性。	第三章 1. 用身边的器材制作一个乐器，并表演一首乐曲。 2. 总结归纳探究自然现象要从哪几个方面着手。

续 表

年级	目标	学期	目标	
			共同要求	智享物理课程要求
八年级	认知物理	上学期	第四章 1. 通过生活中自然现象和有关光的实验的观察，理解研究自然现象都要从产生、传播、接收、特征四个方面入手。 2. 通过探究、归纳和总结光在同种介质，在不同介质分界面上传播的特点，知道光传播特点在生产生活中的实例和应用。 3. 通过实验了解凸透镜的会聚作用及成像规律，知道凸透镜成像规律在生产生活和科学技术中的应用实例。 4. 了解眼睛的结构，知道近视眼、远视眼的校正。	第四章 1. 用身边的平面镜制作一个潜望镜。 2. 拍摄一张水中倒影的照片。 3. 选择一种方法测出某一凸透镜的焦距。 4. 用凸透镜制作一架幻灯机或望远镜。 5. 写一份保护视力的倡议书，并张贴到合适的场所。
			第五章 1. 初步认识科学抽象的方法，了解质量的物理意义。 2. 学会正确使用天平和量筒，通过测量体会实心物体质量和体积之间存在约束关系，认识密度的概念，知道密度概念在生产生活中应用的实例。	第五章 1. 用身边的器材制作一架天平模型。 2. 用天平和量筒测出家庭食用油的密度，并分析测量过程中的误差。 3. 查找资料并尝试计算出一只乒乓球空心部分体积。
			第六章 1. 通过实例理解力的作用效果以及力的作用是相互的，了解描述力的方法。 2. 了解重力、弹力和摩擦力的产生和三要素，会用弹簧测力计测量力的大小。 3. 通过探究滑动摩擦力大小与哪些因素有关，认识控制变量的意义和方法。	第六章 1. 尝试改进课本中测量滑动摩擦力的方法。 2. 写一篇"假若生活中没有摩擦力"的小论文。
		下学期	第七章 1. 通过阅读了解古人对力与运动关系的认识，通过实验探究认识牛顿第一定律。 2. 知道一切物体都有惯性，惯性的大小仅与物体的质量有关，了解有关惯性现象。 3. 知道二力平衡条件，受力分析的基本方法，熟悉力的合成的计算，具有解决力学问题时受力分析的意识。	第七章 1. 乘坐一次公交车，体会汽车刹车、加速、拐弯时，车内站立时人身体状态变化。 2. 查找资料、讨论交流区别生鸡蛋和熟鸡蛋的方法，并在家中进行尝试。

续 表

年级	目标	学期	目标	
			共同要求	智享物理课程要求
八年级	认知物理	下学期	第八章 1. 知道压强的物理意义，会求解压力、压强的大小，知道增大和减小压强的方法。 2. 知道液体压强、气体压强、大气压强的产生和大小，知道流体与流速关系。	第八章 1. 参观省科技馆，体会钉床实验。 2. 利用身边器材粗略测量出大气压强的大小，写出具体的实验报告。
			第九章 1. 通过液体压强、压力的知识来体验浮力概念建立的过程。 2. 知道阿基米德原理与物体浮沉条件的意义和价值，能运用这些知识解决日常生活中具体的物理现象和简单的问题。	第九章 1. 运用浮力产生的知识说明水中桥墩不受浮力的原因。 2. 利用身边物体制作一个模型，尝试让这个模型在水中浮和沉。
			第十章 1. 了解杠杆的五要素，经历探究杠杆平衡条件的过程，能运用杠杆平衡条件进行简单计算和对杠杆进行分类。 2. 知道滑轮的本质，能从实际需要出发，选择不同类型的机械及它们的组合方式，达到预期的目的。 3. 知道做功的必要条件，能计算功的大小。 4. 能测量和计算几种简单机械的机械效率，知道额外功的来源和提高机械效率的方法。	第十章 1. 利用身边的材料制作一个可称量的杆秤。 2. 查找资料，分析家庭坐便器自动冲水的原理。 3. 组装一个滑轮组，并测定其竖直提升重物时的工作效率。 4. 用秒表测定人跳绳时的功率大小。
			第十一章 1. 知道分子动理论的基本观点，知道物质的性质都是物质的组成和结构决定的。 2. 知道常见的物质是由分子或原子组成，了解原子的核式结构模型。	第十一章 1. 阅读《费曼讲物理》一书，了解物体的组成和结构决定了物质的性质。 2. 观看航天的视频，了解我国航天事业的前沿。

续 表

年级	目标	学期	目标	
			共同要求	智享物理课程要求
九年级	拓展物理	上学期	第十二章 1. 通过熟悉的自然现象展示自然界中水循环的过程，揭示物质三种状态以及物态变化现象，了解温度的概念、会使用温度计。 2. 通过联系当前全球面临的气候变暖和水资源危机，提出保护环境的新课题。	第十二章 1. 画出自然界中水循环的过程示意图。 2. 制作一份天气现象形成原因的分析图。 3. 设计制作一份节水公益宣传画。
			第十三章 1. 了解内能的概念，知道物体的内能与哪些因素有关，知道做功和热传递是改变物体内能的两个途径。 2. 通过讨论了解大自然和日常生活中热传递的现象。经历实验探究建立比热容的概念。 3. 比较柴油机和汽油机构造和使用上的不同特点，同时看到他们使用能源和能量转化方面的相同点，认识到能量利用对人类社会发展起到的有利作用和不利作用。	第十三章 1. 了解热机的发展历程，并简要说一说热机对社会发展的贡献。 2. 了解多冲程汽油机的工作过程和原理。 3. 了解涡轮增压和多冲程内燃机的技术特点。 4. 用身边的材料制作一个曲轴连杆的模型。
			第十四章 1. 了解电路的组成，了解电路常见的连接方式以及常见的工作状态，认识电流和电压，知道电灯为什么发光。知道串联电路、并联电路中电流和电压的关系。 2. 会连接简单的电路，会画电路图。能正确使用电流表和电压表。	第十四章 1. 了解人类对电的认识过程。 2. 画出家庭电路的布局图。
			第十五章 1. 认识电阻，理解欧姆定理。 2. 知道串联电路和并联电路的三条基本规律，并能根据这些规律进行计算和推导电路中的其他规律。 3. 了解家庭电路的组成，能正确使用测电笔，知道安全用电的知识。	第十五章 1. 学会用测电笔判定家庭电路的故障并注意用电安全。 2. 用器材模拟组装一个家庭双控电路。

续 表

年级	目标	学期	目标	
			共同要求	智享物理课程要求
九年级	拓展物理	上学期	第十六章 1. 知道电流的热效应，知道电能可以转化成其他形式的能。 2. 会计算电功和电功率。 3. 能综合运用电阻、电流、电压、欧姆定律，电能等相关知识分析具体的电路。	第十六章 1. 学会用不同的方案测定小电泡的电功率。 2. 尝试用电能表测定家庭电路的电功率。
			第十七章 1. 知道磁体的磁性、磁极、磁化、去磁等概念。 2. 知道磁场，理解磁场是客观存在，了解常见磁体的磁场分布。了解磁体在生活中的应用。 3. 知道电流的磁效应，了解常见电磁体的磁场分布，知道磁体在生活中有广泛的应用。 4. 知道电动机的构造和工作原理。	第十七章 1. 查找资料，了解我国古代对磁现象的认识。 2. 能用生活中容易找到的材料制作一个直流电动机。
		下学期	第十八章 1. 能从电能的产生入手，认识常见的电源，了解常见的发电方式。 2. 通过探究知道产生感应电流的条件，了解发电机的构造和工作原理。 3. 了解电能的输送与用电安全。	第十八章 1. 参观一次发电厂，了解电能的输送过程。 2. 查找资料了解我国高压输电、特高压输电的成就。
			第十九章 1. 知道波长，频率和波速的物理意义。 2. 知道电磁波在真空中传播的速度。 3. 了解电磁波的发展和应用。	第十九章 1. 阅读资料了解电磁波的相关知识。 2. 尝试组装一台无线机收音机。
			第二十章 1. 通过实例了解不同存在形式的能量，知道不同形式能量之间的转化和守恒。 2. 能用能量守恒定律的观点分析问题。	第二十章 1. 查找资料，了解永动机是不可能制成的。 2. 了解我国在新能源的应用方面的知识。

总之，目标是行动的指引。根据《义务教育物理课程标准（2011年版）》分章节确定课程共同要求，根据智享物理学科课程目标和学生实际，分章节确定智享物理学科课程要求。智享物理学科课程要求是确定学习进阶变量的依据，有了这个依据才能搭建从进阶起点到终点的学习路线图，完成预设目标。

第三节

实践创新，规划学科课程的进阶路径

进阶式探究课程整合生物、化学、体育、信息技术等课程内容，以学生知识水平和心理发展特点为进阶起点，遵循由浅入深、由现象到本质、连续且螺旋上升的基本原则，规划课程学习路径，引导学生构建起结构化的知识体系，促进学生学科核心素养的形成与发展。

一、学科课程结构

智享物理学科课程根据学生知识水平和心理发展特点，秉承智享物理学科课程哲学，按年级确定主题。将课程内容分为：智享阅读、智享实践、智享创新。具体课程结构如图 7-1。

图中的课程结构具体描述如下：七年级确定的主题为初始物理，课程内容为智享阅读；八年级确定的主题为认知物理，课程为内容智享实践；九年级确定的主题为拓展物理，课程内容为智享创新。

1. 智享阅读。读能生慧，智启未来。根据现行国家课程设置，七年级没有开设物理课，智享物理课程七年级确定主题为初始物理，课程内容定位为智享阅读，通过有趣的阅读活动，启迪学生去思考这些故事或事件背后的原因，从而启迪思维、激发学习的热情。开设有："悦读拾光""读处实验""开卷有感""非借不读""开放问答""随便讲讲"等内容。

2. 智享实践。实践是开启知识宝库的钥匙。八年级学生开始学习物理，对物理知识有一定的了解，智享物理课程八年级主题确定为认知物理，课程为内容智享实践，通过开展科普讲座、科技小制作、社会实践等活动培养学

图 7-1　合肥市五十中学天鹅湖教育集团天鹅湖校区"智享物理"学科课程结构图

生实践、创新的能力。开设有："走近大师""科技前沿""垂钓人生""运动有你""迷你军事""动手动脑"等内容。

3. 智享创新。科学的伟大进步，来源于创新与大胆的想象。九年级学生学习了一年的物理，对力学知识有较系统的认识，经历了智享实践，具备一定的操作基础，智享物理课程九年级主题为拓展物理，课程名称为智享创新。开设有："语言编程""机器与人""迷宫挑战""科技赋能""科技绘画""智享未来"等内容。

二、学科课程设置

智享物理学科课程按照各年级主题，有层次、有梯度地开发、开展课程。各年级的课程形式多种多样，并力求与义务教育物理课程内容编排保持互通。各年级课程设置如表 7-2。

表7-2　合肥市五十中学天鹅湖教育集团天鹅湖校区"智享物理"课程设置表

年级	上学期			下学期		
七年级	悦读拾光	随便讲讲	非借不读	开卷有感	读处实验	开放问答
八年级	走近大师	科技前沿	运动有你	垂钓人生	迷你军事	动手动脑
九年级	语言编程	机器与人	迷宫挑战	科技赋能	科技绘画	智享未来

总之，智享物理学科课程通过分年级、分层次的进阶课程设置，激发学生学习的兴趣，还学生"学习权"，帮助学生建立一个完整的对世界的认知，为课程改革走出"深水区"赋能，从根本上促成"育人"目标的实现。

第四节

有序有趣，搭建智享物理实践平台

智享物理实践主要由"智享课堂""智享社团""智享实践""智享游戏""智享阅读"和"智享创意"组成。具体实施的过程包括制定计划、搭建平台、实践体验、总结整理、交流评价五个阶段。进阶式探究课程性质决定了智享物理课程实施要计划性和灵活性相结合，一方面每周要固定一个时间完成课程体系内容的学习；另一方面要灵活利用课余时间深度参与某一活动主题的完整实践过程。

一、用心组织，构建"有序、有趣、有空"的"智享课堂"

"有序"，课堂组织有序，活而不乱；课程内容安排有序，逻辑顺畅。"有趣"，教学以趣激情，有滋有味。"有空"教师留空白，学生有思考。

（一）"智享课堂"的实践

1. 充分准备，成就"有序"的课程设计。教材是教学的载体，充分、正确地理解教材，全面、准确地把握教材，科学、合理地挖掘教材，才能形成自己独特的见解和认识，才能用好教材组织教学，从这个意义上说，吃透教材，是成就"有序"的课程设计的基本前提。学习进阶理论指出学生认知发展过程具有"进阶"的特点。只有充分了解学情，才能准确定位教学起点，规划合理的学习路径；才能删繁去简，突出重点；让教学有弹性，让课堂有深度。因此，对学情的了解程度决定着课堂的深度和广度，读懂学生，是成就"有序"的课程设计的有效抓手。好老师才能成就好课堂。"尺有所短，寸有所长。"每位老师知识储备、个性特点不尽相同，教学风格也就不同。备课时，教师应根据自身的特点预设课堂情景，设计教学思路，扬长避短，形成自己的教学风格。

2. 大胆创新，成就"有趣"的教学氛围。在趣味中展现自我，大胆放手，使学生在课堂上敢说敢言，敢于探索。用趣味激发动力，用体验收获快乐，大胆创新，成就"有趣"的教学氛围。教法要适合学生学习，关注学生的认知规律，以引导为主，变"死学"为"活学"。学法要利于学生理解、便于操作，在操作实践中体验物理，在探究中获得真知。在教与学中要重视合作，师生合作、生生合作，在交流中提升能力。课堂是全体学生的课堂。只有让全体学生参与，课堂才能真正地活起来，才能让学生感觉"有趣"。首先教学环节的把控上应让不同层次的学生平等参与，其次参与活动的深度上，注重学生思维进阶。

3. 全面落实，成就"有空"的教学意境。物理是一门讲逻辑的学科，需要学生用心去"悟"，才能发现物理的"真"。"留空"，指教师在教学中灵活调控策略，给学生留出思考的时空，充分地挖掘学生的"自我"价值。留空不是留白，空处，要发动学生去思考、质疑、交流，就能起到"此处无声胜有声"的效果。

（二）智享课堂的评价标准

根据"智享课堂"的实施内容和学生特点，从"教材与目标""教法实施""教学活动"等方面，制定了"智享课堂"评价表。见表7-3所示。

表7-3　合肥市五十中学天鹅湖教育集团天鹅湖校区"智享课堂"评价表

要素	评价具体标准	评价 ☆☆☆	☆☆	☆
教学目标	1. 结合课标，制定准确的教学目标。			
	2. 制定的目标符合学生实际，适合学生发展。			
	3. 教学目标设置合理，内容选择恰当，重难点突出。			
	4. 能对教材进行整合或者创新，创造性的运用教材。			
教法实施	1. 采取灵活多样的教学方法，有效突破教学重难点。			
	2. 教学环节环环相扣，循序渐进。			
	3. 提出的问题精准、有探究的价值。			
	4. 注重互动、小组合作、展示交流等形式，创新学习能力培养模式。			

续 表

要素		评价具体标准	评价		
			☆☆☆	☆☆	☆
教学活动	学习效果	1. 完成预期任务，学生达到学习目标。			
		2. 不同层次的学生在原有水平得到相应的提高。			
		3. 学生有收获，教师有感悟。			
		4. 学生通过课堂活动，得到丰富的知识，形成一定的技能，体验到成功与快乐。			
	课堂评价	1. 评价主体多元化。			
		2. 采用多元化的评价方式，对学生进行指向性与激励性评价。			
	教师素养	1. 教师语言精准生动、严谨合理、有逻辑性，善于处理突发事件。			
		2. 能驾驭课堂教学，营造和谐的氛围，引导学生质疑释疑。			
		3. 板书工整、规范，布局合理。			
		4. 利用多媒体进行辅助教学，达到有效的目的。			

二、凝聚合力，构建"蓬勃发展"的"智享社团"

智享社团以学生喜闻乐见的形式普及科学知识，理论联系实际，在实践中体会科学创造的快乐和幸福，使学生热爱科学，崇尚科学，积极树立科学的人生观价值观。我校智享社团有"科技动手做""科幻社"和"物理揭秘社"等。

（一）"智享社团"的实施

1. 全面调研，确定课程。社团课程的开发不是盲目的、随意的，而是按学生兴趣特点、认知规律、师资配备、周边社会资源等，广泛调研、征求意见的基础之上甄选而创的。

2. 分析特点，任人为贤。社团辅导教师直接关系到社团的队伍建设、课程开设、实施评价的全过程，根据教师的个人特点和学科特长，分析社团课程的性质和实施重难点，在经过反复推敲和比对的基础上，在尊重教师个人意愿的前提下，选定社团课程的辅导教师。

3. 双向选择，各取所需。社团课程是面向部分学生的选修内容，采用"双向选择"的原则来确定每个社团选修学生名单。

4. 用心准备，扎实活动。为了提升"智享社团"的实施效果，成立之初,关于社团的制度章程、活动办法、社团纲要、案例设计、评价量表都要有精心全面的准备,每一次社团活动做到定内容、定时间,课上学习有记录,课下有反思。

5. 家校互动,寻求合力。通过"致家长的一封信",让家长了解社团课程内容、开设目的和计划,让家长帮助孩子选择适合自己的课程,并在课程实施的过程中,给予支持。

6. 梳理收获,多样展示。社团课程的建设和打造旨在张扬个性、鼓励特长发展,一定区域范围内的交流和展示将为学生提供很好的交流和展示的平台,既拓宽了视野也获得了自信和成长。

(二)"智享社团"的评价

为促进"智享社团"的有效实施,制定社团活动评价表(见表7-4)和学生评价表(见表7-5)。

表7-4 合肥市五十中学天鹅湖教育集团天鹅湖校区"智享社团"活动教师评价表

评价目标	目标描述	评价结果		
		☆☆☆	☆☆	☆
理念体现	活动设计体现课程的基本理念和培养目标。			
活动目标	活动目标明确、具体、可行。			
活动内容	活动内容生动有趣,贴近学生的生活。			
指导方法	活动方法灵活多样,符合学生特点。			
活动组织	活动组织有序、高效。			
教师指导	教师对课程的定位理解准确,引导到位。			

表7-5 合肥市五十中学天鹅湖教育集团天鹅湖校区"智享社团"活动学生评价表

		小组成员			
自我评价	积极参与	☆☆☆☆☆	☆☆☆☆☆	☆☆☆☆☆	☆☆☆☆☆
	认真聆听	☆☆☆☆☆	☆☆☆☆☆	☆☆☆☆☆	☆☆☆☆☆
	沟通与表达	☆☆☆☆☆	☆☆☆☆☆	☆☆☆☆☆	☆☆☆☆☆
	个人展示	☆☆☆☆☆	☆☆☆☆☆	☆☆☆☆☆	☆☆☆☆☆

续 表

		小组成员			
小组评价	积极参与	☆☆☆☆☆	☆☆☆☆☆	☆☆☆☆☆	☆☆☆☆☆
	认真聆听	☆☆☆☆☆	☆☆☆☆☆	☆☆☆☆☆	☆☆☆☆☆
	沟通与表达	☆☆☆☆☆	☆☆☆☆☆	☆☆☆☆☆	☆☆☆☆☆
	个人展示	☆☆☆☆☆	☆☆☆☆☆	☆☆☆☆☆	☆☆☆☆☆

三、用心付出，构建"知行合一"的"智享实践"

"智享实践"是让学生参与到调查问题、研究问题、解决问题的过程当中，经历实践体验，最终形成研究成果和作品的学习过程。

（一）"智享实践"的实施

按照智享实践学习的内容不同，将我校物理学科的实践活动分为嵌入学期中的特色学科活动和分散在寒暑假的学科实践项目。其活动主题见表7-6所示。

表7-6 合肥市五十中学天鹅湖教育集团天鹅湖校区"智享实践"活动主题一览表

	活动主题	活动目的	作品呈现形式
1	厨房中的物理	通过观察厨房用品或使用厨房过程中的某一实例，分析其中物理原理。并有针对性提出改进措施。	研究报告 视频照片
2	厕所里的物理	通过观察卫生间用品或卫生间设计中的某一实例，分析其中物理原理。并有针对性提出改进措施。	研究报告 视频照片
3	汽车中的物理	通过观察汽车或汽车行驶过程中的某一实例，分析其中物理原理。并有针对性提出改进措施。	研究报告 视频照片
4	天气现象中的物理	学生通过参观气象台，统计某一段时间天气现象，分析天气现象的成因。	研究报告 视频照片
5	运动中的物理	参加某一项体育活动，分析运动中蕴含的物理知识，并做相关测量。	研究报告 视频照片
6	现代军事中的物理	参观一次军事博物馆，了解现代军事科技与武器装备，认识军事武器，了解军事思想。	研究报告 视频照片
7	保护蓝天	参加一次环保公益活动，了解环境保护面临的问题和困境，提出自己的想法。	研究报告 视频照片

（二）"智享实践"的评价

智享实践评价重点关注学生的参与度、动手能力、创新能力、团队合作能力等，并尝试结合班级、年级、校级等多层面的赛事，助推学生项目式学习的开展和实施。

评价的重点不是针对学生，而是全面了解学生的学习行为和学习历程，主要从个性展示、参与意识、合作意识、创新能力及综合表现六个内容开展评价，全方位反映学生在课程中综合能力的表现。学生发展评价见表7-7。

表7-7　合肥市五十中学天鹅湖教育集团天鹅湖校区学生发展评价表

评价要素	评价等级			自评	同学互评	教师评价
	优秀★★★	良好★★	合格★			
参与意识	积极参与，主动性强	积极参与，欠主动	能够参与			
实践能力	很强	较强	一般			
合作意识	有较强交往能力，合作能力强	能顾全大局，会与人合作	有合作意识			
创新能力	意识明显思维活跃	有创新意识	表现一般			
综合表现	积极主动、思维活跃、表现突出	积极参与展示自我	安于现状表现一般			
学习效果	成果丰富，过程详细，资料完备，形成了个人的观点和见解。	有一定的成果，基本形成了自己的看法，内容有待进一步完善。	浅层次尝试，有点式的收获和思考，缺乏系统化认识。			
我的收获：						
老师寄语：						

四、开拓进取，构建手脑并用的"智享游戏"

游戏不但能给学生带来快乐，而且能学知识，将物理知识、物理思维融于游戏中，能让学生更好地理解、运用物理。"智享游戏"是围绕一个或多个结构化的游戏进行学习的一种方式。"智享游戏"由教师定主题，让学生自己设计、自己策划、自己实施、自己评价，从选定主题到活动环节、活动呈现等处处让学生参与，展示学生手脑并用的丰硕成果。

（一）"智享游戏"的实施

创设"智享游戏"，引领学生在游戏中体会物理的魅力。"智享游戏"活动主题见表 7-8。

表 7-8 合肥市五十中学天鹅湖教育集团天鹅湖校区"智享游戏"活动主题

游戏	活动形式	活动目的
制作游戏	班级分享校级展示	借助身边的器材,制作教师布置的与课程相关的模型或学具。
扑克牌叠高游戏	班级分享校级展示	通过有趣的探索活动,体会力学平衡知识在游戏和生活的应用。
推理游戏	班级分享校级展示	根据提供的多个条件分析语言,辨别真假,培养学生的逻辑推理能力。
放风筝游戏	班级分享校级展示	自制风筝,在具体情境中比试谁最善用风势,把风筝放得更高。

(二)"智享游戏"的评价

游戏不等于玩,关键在于"乐"中"学",智享游戏评价标准见表 7-9。

表 7-9 合肥市五十中学天鹅湖教育集团天鹅湖校区"智享游戏"的评价标准

评价项目	评价标准	评价等级 A	B	C	D
活动内容	游戏设计符合学生的认知水平和身心特点。				
	关注学生的兴趣点,选题生动有趣,学生参与度高。				
	符合课程的培养目标,为目标的达成服务。				
	体现学校特色,注重创新。				
活动参与	能认真做好活动前期的各项准备。				
	能积极主动发现问题并独立解决问题。				
	能主动与他人互助合作,交流与分享。				
	能根据活动内容完成活动要求和任务。				
活动效果	在设计和操作中有自主思考和真实的体验。				
	学会与人协作交往,学会反思。				
	知识面拓宽,综合运用知识力得到提高。				
	探究和创新意识得到增强。				

五、深度推进，构建"全员参与"的"智享阅读"

阅读是一种习惯，也是一种学习方法。"智享阅读"通过有计划地阅读一些与自然科学有关的书籍，了解科技发展史，获取更多的科学知识，激发学习的热情，提高自身的文化修养。

（一）"智享阅读"的实施

布置阅读任务，跟踪阅读过程，开展阅读展示。每学期都组织学生利用假期阅读1本物理类的书籍，阅读采取小组打卡的形式予以跟踪，开学后组织阅读成果展示，展示形式分文字展示和语言展示，也可以是演讲。以班级为单位初选，再全校展评。

（二）"智享阅读"的评价

为了激发学生参与"智享阅读"的积极性，保证"智享阅读"成果，制定"智享阅读"成果展示评价表。见表7-10。

表7-10 合肥市五十中学天鹅湖教育集团天鹅湖校区"智享阅读"成果展示评价表

评价指标		评价			
		自评	互评	指导教师评价	综合评价
文字类成果	认真阅读，读有所悟。				
	表达思路清晰。				
	使人容易理解。				
	页面布局合理、美观。				
演讲类成果	认真阅读，读有所悟。				
	普通话标准，口齿清晰。				
	思路清晰、易理解。				
	自信、大方。				
	感染力强。				

六、引领时尚，构建"创意十足"的"智享创意"

科技赋能、创意制胜，开展大型科技展评活动，展示学生多彩的创意，挖掘学生发展潜能。

（一）"智享创意"活动的实施

1. "创意风车会"。每年暑假组织全体学生设计风车。九月份，开学初以班级为单位推荐优秀作品，全校展示。

2. "创意作品展"。鼓励暑假期间学生运用物理学科知识把家里的废弃物品"变废为宝"，做成一些常用的物品、装饰品。创意作品展每年9月举行，先由班级展示、初评，再全校展评。

3. "创意才艺秀"。组织开展跨年科技晚会，引领各班舞台科技大比拼。以班级为单位推荐优秀作品，全校展示。

（二）"智享创意"活动评价

"智享创意"活动评价主要依据学生作品由评委从主题选择、创意表达、材料使用、配色技巧、制作工艺五个方面给出评分，每一个方面满分20分，总分100分。评委由学校领导、社团负责老师、学生代表组成。

表7-11 合肥市五十中学天鹅湖教育集团天鹅湖校区学生"智享创意"作品评价表

作者	主题选择	创意表达	材料使用	配色技巧	制作工艺	总分

总之，重视学生学习路径规划的课程实践，是智享物理课程实施的脚踏点和支撑点。学生只要真实地参与到进阶式探究课程的实践当中，一定大有收获。课程负责人在课程实施过程中要统筹安排好计划制订、过程落实、实施指导、检查管理等相关工作，只有这样，才能保证进阶式探究课程的有效性和生命力。

第五节

构建认证，完善探究课程的管理体系

进阶式探究课程内容和特点决定着进阶式探究课程管理不同于一般课程的管理。进阶式探究课程具有生成性、融合性、研究性和开放性的特点。进阶式探究课程管理内容主要包括组建课程团队、搭建交流平台、制订课程制度、完善评价体系四个方面，具体描述如下。

一、组建课程团队

要让课程有持久的生命力，需要建立高效的课程团队。课程团队包括课程开发团队、课程管理团队和课程认证团队。课程开发团队也就是课程研究小组，小组中有一名学科带头人，由这名学科带头人带领各成员对课程进行调查、研究，最终形成课程方案。课程研究组属于学习型组织，没有行政管理权。课程管理团队一般由学校领导、教研员组成，主要负责从"学科整合"和"进阶"的视角对课程方案进行讨论和修改，形成最终的课程方案，并组织、监督、实施。课程认证团队由课程研究小组成员代表、课程管理团队代表、家长代表、学生代表组成，由学校分管校长负责召集，主要任务是定期根据课程实施情况反馈对课程的去留进行讨论，保证课程质量。

智享物理学科课程团队，校长亲自挂帅，统一指挥，统一调度；骨干教师领衔，全体物理教师参与，部分生物、化学、信息和体育老师加盟。真正体现出每个教师要都是课程的建构者、实施者、体验者、反思者。

二、搭建交流平台

建构智享物理学科课程的主要目的是促进学生有效的学习。学生认知的差异决定着课程的构建和实施不能简单地移植别人的经验，需要大家深入的、具体的、可持续的研究，形成可操作的课程方案，为课程实施者提供依据。智享物理学科课程在实施的过程中借助于现代化工具与手段搭建交流平台，将不同学段、不同学科参与课程研究的老师组织起来，保证课程研究和实施中不断呈现的问题能得到及时解决，从而实现"在研究中实施，在实施中研究"。

1. 通过教研活动，带领教师充分学习课程理论，逐步形成"1＋1＋1"的特色课程校本教研实践。所谓"1＋1＋1"，每学期每一位教师上好一次公开课，做一次微讲座，写一篇高质量的教学心得。

2. 定期开展课例研究，优化课堂教学，将"有序、有趣、有空"的智享物理学科课程设计落实在中教学中。

3. 定期参加课程培训，加强理论学习；积极参与学科交流，不断提升自身专业素养。

三、制订课程制度

智享物理课程制度主要包括：课程构建制度，课程实施制度、课程认证制度等。

（一）课程构建制度

课程构建要切合实际。智享物理课程构建制度对课程的构建过程作了相应的规定。

1. 智享物理学科课程团队是课程构建的主体，负责课程构建的整体规划、课程纲要、课程实施方案的制定。

2. 结合学生认知进阶的特点和学科特色，利用地域学科资源，制定课程目标，开发适合于校情和学情的物理学科课程。

3. 学科课程团队要定期开展课程研究，集思广益，主动学习；要有计划地组织外出学习、培训，了解课程的新变化、新进展，与时俱进，及时更新调整课时内容。

4. 学科课程团队要在实践中及时收集课程资料，加强课程反思，在反思中寻求突破，在突破中注重创新。

（二）课程实施制度

课程实施是一连串的复杂活动。智享物理学科的课程内容是多元化的，校园不是课程实施的唯一场所，教材也不再是唯一的课程资源。课程实施牵涉到的人员除了直接实施课程管理的学校领导和教师外，还有社区人员及家长。课程实施制度主要包括人员分配管理和资源分配管理，责任到人。

1. 由校长牵头，学校行政领导班子部分成员、班主任、教师代表、家长代表和校外课程指导专家组成学校课程委员会。

2. 学校课程管理团队根据相关文件精神及学校实际，负责制定课程计划，把握课程开发的方向，确保课程专项经费的落实，联系相关课程指导专家和家长代表，协同做好课程的建构与实施。

3. 班主任和授课教师是课程实施直接参与者，实施过程中收集相关资料和数据，根据实施情况，及时调整课程策略。

4. 家长是课程实施过程中不可或缺的资源，为课程设置和实施献言献策。

（三）课程认证制度

课程认证制度就是根据课程实施情况反馈对课程的去留进行讨论，课程认证是保障课程质量的有效手段。

1. 由校长牵头，成立学校课程认证团队。课程认证团队由中层领导、年级负责人、班主任、教师代表、家长代表和校外课程方面专家的共同构成。

2. 强化课程实施中信息的收集。学校课程认证团队通过问卷调查和随机走访等形式，了解教师和学生对课程的真实心声，听取家长、课程专家的意见，收集这些信息，作为课程认证的重要依据，对课程的去留作出相应的判断。

3. 课程认证采取实事求是、科学认真的态度，认证内容要覆盖课程构建、实施、评价等方方面面，认证方式主要采用内部评估、实地调研、专家评审等相结合的方式。

4. 认证结果向全校学生和家长公开，接受学生、家长和教师的监督。

四、完善评价体系

智享物理学科课程评价既关注课程目标的实现，更关注实践过程。学科课程的评价主要包括：课程实施评价、教师教学评价、学生学习评价。

1. 评价以发展为导向，过程评价、自我评价、动态评价相结合。

2. 开放评价主体，每学期主动发放问卷，收集家长、学生、课程专家和课程实施场所负责人对课程实施活动和教师教学的具体意见。

3. 课程评价主要通过收集资料对课程设置、课时安排、开课情况、师资配备、主题申报、活动督查、跟踪管理、考核评估等方方面面作出评估。

4. 教师教学评价侧重评价教师的课堂把控能力，课程的理解能力，师生关系和社会关系的处理能力。

5. 学生学习评价包括及时评价和期末综合性评价。及时评价教师在课堂上根据学生的表现、作业、作品、学习测试、表演与竞赛活动情况记录作出单项评价。期末综合性评价采用学生自评、学生互评、教师评价相结合的方式进行。对学生的学习态度、操作技能、创新能力、团队合作等方面给出定性描述，以评价促进发展。

总之，进阶式探究课程管理"在研究中管理，在管理中研究"，最大限度地发挥课程开发者（研究性组织）、课程管理者（行政组织）、课程实践者（学生）的主观能动性，最终，让学生沿着既定的学习路径学习，完成学习目标。

（撰稿者：程结旺）

后记

"登蜀峰，俯庐州，天鹅水暖；立潮头，扬风帆，行稳致远。"伴随着合肥市蜀山区区域品质课程建设的全面推进，蜀山区课程建设迈向了新的台阶，蜀山特有的品质课程架构全方位形成。适逢其时，《进阶式探究课程设计：学科整合视角》一书，如期出版。

蜀山区区域品质课程建设过程中，各中小学都在开展探究型课程的研究，试图把探究性学习方式渗透到各个学科。从区级层面对小学科学学科课程群和中学物理学科课程群进行整合生成进阶式探究课程，在课程构建、实施和管理上实行多校、多级联动，这是从学科整合视角区域性推进课程改革的一种尝试，也是注重教学实效，全面发展学生核心素养的一次大胆创新。

学习进阶理论指出学生认知发展过程具有"进阶"的特点。我们在进行教学设计时，往往遵循"由易到难""从简单到复杂"的原则。这就是我们理解的普遍意义上的"学习进阶"。实际教学中，我们发现这点理解是不够的，只有对学生认知特点中清晰的"阶"进行深入分析和定量研究，才能从学生的视角规划出完整的学习路径。学生沿着科学的学习路径探索、理解、思考、实践，一步一步完成从低水平到高水平的转变，才能实现知识、技能、方法和思维的全面进阶。

"学科整合"就是将两种或两种以上学科内容，融合在同一课程中进行教学。《进阶式探究课程设计：学科整合视角》基于当代发展的学习进阶理论，将小学科学和初中物理整合为一体，形成螺旋式探究课程。这种整合并非知识上的简单拼接，而是强化学科间的知识关联和逻辑互通，强化课程内容和组织上的有效衔接，强化课程文化的延续和发展。通过课程设计和实施，促成教学与评价的一致性，实现科学教育本质和科学本质的内在统一，促进学科课程整体的变革和学生科学素养的全面提升。

"问渠哪得清如许，为有源头活水来。"《进阶式探究课程设计：学科整合视角》一书是蜀山区课程建设实验校实践经验的结晶，是蜀山区"品质教育实践与研究"项目的研究成果，是对学校课程建设和课程变革的定位与思考。

一路走来，从迷茫、迟疑、困惑、思考到最终形成清晰的思路，付诸实践，修改，再实践，总结，成书。这当中注入了课程建设实验校领导和教师们的辛勤的汗水。要特别感谢上海市教育科学研究院杨四耕教授、崔春华教授等专家团队的倾心付出，疫情防控期间，两位教授克服种种困难，深入我区指导，积极推进品质课程的建设。

"等闲识得东风面，万紫千红总是春。"我们相信，在蜀山区教育体育局各位领导的关心和支持下蜀山教育品质之花一定会花开满园！

牛旌丽

2021 年 7 月 30 日

学校整体课程规划的七个关键	978-7-5760-0424-3	62.00	2021年3月
课堂教学的30个微技术	978-7-5760-1043-5	52.00	2020年12月
教学诠释学	978-7-5760-0394-9	42.00	2020年9月
原点教学:提升区域育人质量的策略研究			
	978-7-5760-0212-6	56.00	2020年8月

学校课程发展精品丛书

学科课程群与全经验学习	978-7-5760-0583-7	48.00	2021年1月
育人目标与课程逻辑	978-7-5760-0640-7	52.00	2021年2月
学科课程与深度学习	978-7-5760-0505-9	52.00	2021年2月
学校课程的文化表情:百花园课程的学科指向与深度实施			
	978-7-5760-0677-3	38.00	2021年2月
学校文化与课程变革	978-7-5760-0544-8	62.00	2021年2月
语文天生重要:语文学科课程群设计	978-7-5760-0655-1	44.00	2021年2月
五育并举的课程体系:致良知课程的旨趣与探索			
	978-7-5760-0692-6	48.00	2021年1月
学科课程与育人质量	978-7-5760-0654-4	48.00	2021年1月
在地文化与课程图谱	978-7-5760-0718-3	46.00	2021年2月
中观课程设计与学科课程发展	978-7-5760-0624-7	36.00	2021年1月
大教学:英语学科核心素养培育的课程模式			
	978-7-5760-0462-5	46.00	2021年1月

特色学校聚焦丛书

不一样的生命,一样的精彩	978-7-5675-8675-8	34.00	2019年3月
童味正醇:特色学校的文化图谱	978-7-5675-8944-5	39.00	2019年8月
特色普通高中课程建设探索	978-7-5675-9574-3	34.00	2019年10月

书名	ISBN	定价	出版时间
儿童是天生的探索者:360°科学启蒙教育	978-7-5675-9273-5	36.00	2020年2月
做精神灿烂的教师:教师自我成长的5个密码	978-7-5760-0367-3	34.00	2020年7月
让教育温暖而芬芳	978-7-5760-0537-0	36.00	2020年9月
快乐教育与内涵生长	978-7-5760-0517-2	46.00	2020年12月
故事教育与儿童发展	978-7-5760-0671-1	39.00	2021年1月
美好教育:学校内涵发展的循证研究	978-7-5760-0866-1	34.00	2021年3月
把美好种进儿童心田	978-7-5760-0535-6	36.00	2021年3月
倾听生命的天籁:"天籁教育"的实践与探索	978-7-5760-1433-4	38.00	2021年9月
为了每一个孩子的美好心愿	978-7-5760-1734-2	50.00	2021年9月
向着优秀生长:"模范教育"的理念与实践	978-7-5760-1827-1	36.00	2021年11月

跨学科课程丛书

书名	ISBN	定价	出版时间
大情境课程:主题设计与创意评价	978-7-5760-0210-2	44.00	2020年5月
社会参与素养的培育模型与干预机制	978-7-5760-0211-9	36.00	2020年5月
大概念课程:幼儿园特色主题活动设计	978-7-5760-0656-8	52.00	2020年8月
项目学习:进入学科的课程智慧	978-7-5760-0578-3	38.00	2021年4月
STEAM课程的设计与实施	978-7-5760-1747-2	52.00	2021年10月
幼儿个性化运动课程	978-7-5760-1825-7	56.00	2021年11月

核心素养导向的课堂教学丛书

书名	ISBN	定价	出版时间
漾着诗性智慧的课堂教学	978-7-5675-9308-4	39.00	2019年7月
转识成智的课堂教学:核心素养导向的历史教学	978-7-5760-0164-8	40.00	2020年5月
学导式教学:学会学习的教学范式	978-7-5760-0278-2	42.00	2020年7月

书名	ISBN	定价	出版时间
高阶思维教学的关键技术	978-7-5760-0526-4	42.00	2021年1月
会呼吸的语文课：有氧语文的旨趣与实践	978-7-5760-1312-2	42.00	2021年5月
高阶思维教学的核心指向	978-7-5760-1518-8	38.00	2021年7月
磁性课堂：劳动技术课就这样上	978-7-5760-1528-7	42.00	2021年7月
核心素养导向的作业设计	978-7-5760-1609-3	40.00	2021年8月
语文，让精神更明亮	978-7-5760-1510-2	42.00	2021年9月
"六会"教学法：基于核心素养的课堂教学	978-7-5760-1522-5	42.00	2021年9月

特色课程建设丛书

书名	ISBN	定价	出版时间
教师，生长的课程	978-7-5760-0609-4	34.00	2020年12月
学校课程发展的实践范式	978-7-5760-0717-6	46.00	2020年12月
丰富学习经历：如歌式课程的愿景与深度	978-7-5760-0785-5	42.00	2020年12月
学科课程群设计方法	978-7-5760-0579-0	44.00	2021年3月
学校美育课程的立体建构：菁华园课程的逻辑与框架	978-7-5760-0610-0	36.00	2021年3月
关键学习素养与学科课程设计	978-7-5760-1208-8	34.00	2021年4月
学校课程设计：愿景建构与深度实施	978-7-5760-1429-7	52.00	2021年4月
生长性课程：看见儿童生长的力量	978-7-5760-1430-3	52.00	2021年4月
"慧阅读"课程：儿童视角	978-7-5760-1608-6	42.00	2021年6月
诗意栖居的课程愿景：智慧岛课程的逻辑与深度	978-7-5760-1431-0	44.00	2021年7月
每一个孩子都是最重要的人：V-I-P课程的内在意蕴与学科视角	978-7-5760-1826-4	54.00	2021年8月
给每一个孩子带得走的能力：井养式课程的旨趣与探索	978-7-5760-1813-4	42.00	2021年10月
指向核心素养的课程统整框架：I AM BEST 课程的学科之维	978-7-5760-1679-6	48.00	2021年11月